Los Angeles auf einen Blick

0 — 6 Km
© Reise Know-How 2023

AF634288

Cleveres Nummernsystem

Die Sehenswürdigkeiten sind im Text und im Kartenmaterial mit derselben **magentafarbenen ovalen Nummer** 1 markiert. Alle anderen Lokalitäten wie Geschäfte, Restaurants usw. tragen ein **Symbol und eine fortlaufende rote Nummer** (1). Die Liste aller Orte und die Zeichenerklärung befinden sich im Anhang.

Bewertung der Sehenswürdigkeiten

★★★ nicht verpassen
★★ besonders sehenswert
★ wichtig für speziell interessierte Besucher

Planquadrat im Kartenmaterial

[A1] Orte ohne diese Angabe liegen außerhalb unserer Karten. Ihre Lage kann aber wie die aller Ortsmarken mithilfe der begleitenden Web-App angezeigt werden (s. Anhang).

Der Schmetterling ...
... zeigt an, wo man Angebote im Bereich des nachhaltigen Tourismus findet.

Vorwahlen
Eine 1 (bzw. aus dem Ausland 001) gefolgt von einem dreistelligen area code geht der Rufnummer voraus und muss auch bei Ortsgesprächen mitgewählt werden (s. S. 120).

Abkürzungen
s. S. 142

Updates zum Buch
www.reise-know-how.de/citytrip/losangeles23

⊡ *Moderne und historische Architektur in Downtown Los Angeles (057la Abb.: mb)*

Life in the Fast Lane – Los Angeles

Bei unserem ersten Besuch im Jahr 1982 stolperten wir recht unbedarft durch L.A. – allein schon wegen der komplett unterschätzten Distanzen. Natürlich musste der Versuch, von unserem Motel in Inglewood ins Stadtzentrum zu laufen, kläglich scheitern. Von „Liebe auf den ersten Blick" kann keine Rede sein, erst im Laufe vieler weiterer Besuche erschloss sich uns die „Stadt der Engel" dann nach und nach – und wuchs uns langsam ans Herz.

Heute ist es gut möglich, manche Ecken der Stadt zu Fuß oder mit öffentlichen Verkehrsmitteln zu erkunden. Sogar zum Strand oder nach Old Pasadena 40 kann man mit der Bahn fahren und in manchen Vierteln ist man gut mit dem Fahrrad unterwegs. Gab es lange kein echtes „Downtown", hat sich das Zentrum mittlerweile komplett verändert. Hier sind spannende Neighborhoods entstanden: der bunte Fashion District mit der Santee Alley (s. S. 82), der Arts District 5 mit seinen Murals, das ehemalige Großmarktareal mit ROW DTLA (s. S. 81) – alte Hallen, in die Shops, Lokale und ein Markt eingezogen sind und Events stattfinden.

Und dann wären da die ethnisch geprägten Viertel wie El Pueblo, Little Tokyo, Chinatown und K-Town (Koreatown) oder die hippen „Hoods" wie Silver Lake, Larchmont Village, Echo Park, West Hollywood oder Frogtown (s. S. 52). Es locken der L.A. Farmers Market (s. S. 36) oder der Grand Central Market 11 und Parks wie der Grand Park oder der Griffith Park 38. Dazu gibt es grandiose Museen wie The BROAD 9, LACMA 24, das Academy Museum of Motion Pictures 25 oder das noch im Bau befindliche Lucas Museum (s. S. 23). Klar ist: Hollywood, Beverly Hills, Disneyland, die Getty-Museen oder die Strände sind längst nicht mehr die einzigen Attraktionen. Die Megalopolis Los Angeles ist ein Puzzle: Je mehr man zusammensetzt, desto bunter und vielseitiger wird das Bild.

Die Autoren

Margit Brinke und **Peter Kränzle** sind promovierte Klassische Archäologen, die seit vielen Jahren als freiberufliche Journalisten und Buchautoren mit Schwerpunkt USA tätig sind. Die beiden konnten sich durch über 100 Publikationen bei verschiedenen Buchverlagen und durch Mitarbeit bei Zeitungen, Magazinen, durch PR-Arbeit und Blogs einen Namen im Reise- und Sportjournalismus machen. Im Reise Know-How Verlag liegen von ihnen über ein Dutzend Reiseführer zu überwiegend nordamerikanischen, doch auch zu europäischen Destinationen vor. Die Autoren wurden für Ihre Arbeit schon mehrfach ausgezeichnet, u. a mit dem amerikanischen „IPW Travel Writer Award", und betreiben ihren eigenen Blog: http://travelingtramps.blogspot.com.

100la Abb.: mb

NICHT VERPASSEN!

8 Walt Disney Concert Hall [B3]

Die Innenstadt von Los Angeles verfügt mit der spektakulären Walt Disney Concert Hall von Frank Gehry über ein höchst ungewöhnliches und auffälliges Wahrzeichen (s. S. 18).

16 Walk of Fame [h2]

Der gut zwei Kilometer lange „Walk of Fame", Teil des Hollywood Boulevard, erinnert mit über 2700 in den Fußweg eingelassenen Sternen an Größen und Berühmtheiten der Unterhaltungsindustrie (s. S. 26).

23 Universal Studios Hollywood [cf]

In den Universal Studios werden Filmkulissen lebendig und es gibt einen Vergnügungspark für die ganze Familie, Shops und Lokale (s. S. 31).

24 LACMA [f7]

Selbst Museumsmuffel finden in diesem mehrteiligen Komplex etwas Interessantes. Das LACMA bietet ein breites Spektrum an Kunst aus aller Welt, von der Prähistorie bis in die Gegenwart, in architektonisch außergewöhnlichem Rahmen (s. S. 34).

25 Academy Museum of Motion Pictures [f7]

Bereits der mehrteilige Bau mit Aussichtsterrasse ist einen Besuch wert. Im Inneren wird in mehreren Abteilungen und unter verschiedenen Aspekten das Thema „Filmkunst" behandelt und es geht natürlich auch um die Oscars (s. S. 35).

33 34 Getty Center und Villa [ag]

Eine „Kunstkathedrale" in den Hügeln über der Stadt – der Komplex mit seinen Gartenanlagen ist ein ungewöhnliches Gesamtkunstwerk. Die Getty Villa birgt antike Kunst in passendem Ambiente (s. S. 40 und S. 42).

35 Santa Monica [ah]

Hier gibt es nicht nur einen endlosen Sandstrand und einen historischen Pier mit Vergnügungen aller Art, sondern auch eine attraktive Fußgängerzone, die „Third Street Promenade" (s. S. 44).

102la Abb.: LATourism©RD Willis

Willkommen in Los Angeles

„Life in the Fast Lane!" – so lautet der Titel eines Hits der Eagles, der legendären Rockband aus L.A. Und in der Tat lebt man im Großraum Los Angeles ständig auf der Überholspur und will dem Rest der Welt dauernd eine Nasenlänge oder Idee voraus sein. In L.A. werden Trends geboren und Stars gemacht – und ebenso schnell wieder vergessen ...

Los Angeles ist alles andere als eine gewöhnliche Stadt: Offiziell leben je nach Statistik zwischen 13 und 19 Mio. Menschen in der **Metropolregion.** Auch flächenmäßig sorgt L.A. für Superlative: Von Norden nach Süden erstreckt sich das Stadtgebilde über rund 200 km, von Ost nach West sind es noch gut 150 km.

Vorbei an endlosen gleichförmigen **Wohnsiedlungen** schlängeln sich einer Krake gleich vielspurige **Autobahnen**, die konstant überfüllt sind. Schnell ist man genervt und fragt sich, wo denn nun dieses L.A. eigentlich liegt oder wo sich Hollywood versteckt. Hält sich der Smog in Grenzen, kann man vor der schneebedeckten Bergkulisse der Sierra Nevada die Skyline von Downtown in der Ferne als Orientierungspunkt ausmachen. Aber erst wenn sich der „gordische Knoten" der Highways gelöst hat, offenbaren sich die Reize der Megalopolis – auch wenn diese wiederum **weit auseinander liegen.** L.A. erschließt sich nicht auf den ersten Blick, diese von schärfsten Kontrasten als auch endloser Vielfalt und Toleranz geprägte Stadt will entdeckt, erobert und vor allem **„erfahren"** werden.

◁ Vorseite: Ungewöhnliche Perspektive – das Hollywood Sign (s. S. 27)

Kurz gesagt, eine Stadt für klassische Flaneure ist L.A. nicht. Die weitläufige Struktur erfordert eine **besondere Art der Erkundung.** Zu Fuß stößt man außerhalb der Metrolinien rasch an seine Grenzen und selbst in Kombination mit der Metro wird das Programm nur eingeschränkt realisierbar sein. Immerhin lassen sich Downtown und Hollywood zu Fuß und mit Bahnen und Bussen recht gut erkunden, auch Santa Monica ist per Bahn erreichbar, doch bei vielen anderen Vierteln und Sehenswürdigkeiten ist man auf ein Auto angewiesen. Falls sinnvoll, werden die Anfahrtsmöglichkeiten zu den Sehenswürdigkeiten im Text genannt, doch sind die Fahrten mit Bus und selbst mit der Metro bei größeren Entfernungen zeitraubend und umständlich.

Idealerweise gliedert man sein **Besichtigungsprogramm** (und evtl. auch seine Unterkünfte) regional und kombiniert Sights und Attraktionen mit Shopping und Bummeln. Zwischen den einzelnen Vierteln und Spots liegen meist viele Meilen und es wäre nicht sinnvoll, z. B. erst das Kulturprogramm zu absolvieren und dann zum Shopping zurückzukehren.

L.A. ist ein **Konglomerat aus Städten, Vororten und Stadtvierteln.** Allein der Landkreis, das Los Angeles County, umfasst 88 selbstverwaltete Städte und Greater L.A. besteht aus gleich fünf Landkreisen (L.A., Orange, San Bernardino, Riverside und Ventura County) und insgesamt fast 200 Städten und Gemeinden. Im Folgenden sind die **für Besucher wichtigen Viertel und Regionen** aufgelistet:

- **Downtown** ist das Zentrum und Geschäftsviertel der Stadt, wird durch Wolkenkratzer markiert und ist in den letzten Jahren dank interessanter Entwicklungen im Aufwind. Interessante Viertel hier sind neben den bekannten El Pueblo, Chinatown, Little Tokio, Bunker Hill und Financial District die neueren Teile wie der Arts District, der Toy District, Historic Downtown, der Flower und Central Industrial District mit Row DTLA, der Fashion District mit der Santee Alley sowie South Park um L.A. Live.

- **Exposition Park** schließt sich im Südwesten an Downtown an (Metro-Anschluss). Neben USC (Uni South California) befinden sich hier Museen, der Rose Garden, das L.A. Memorial Coliseum und das BMO Stadium.
- **Hollywood** war bis 1910 eine eigene Stadt und ist seither das berühmteste Viertel von L.A., nordwestlich von Downtown gelegen. An Hollywood schließen sich angesagte Viertel an: Larchmont Village im Süden oder Silver Lake im Osten.
- **Westside:** Westlich von Downtown und südwestlich von Hollywood erstrecken sich bis zum Pazifik die Nobelviertel der Stadt, z. B. Wilshire Center, Fairfax, Melrose, Bel Air, Westwood, Century City, Brentwood, Pacific Palisades oder Venice (Venice Beach), aber auch eigene Städte wie West Hollywood, Beverly Hills, Malibu oder Santa Monica. Zentrale Achse ist der **Wilshire Blvd.,** in dessen Umfeld von Downtown bis Santa Monica einige bedeutende Attraktionen liegen, besonders die Museen entlang der Museum Row @ Miracle Mile.
- **Griffith Park** ist ein nordwestlich der Innenstadt und nordöstlich von Hollywood gelegener Stadtpark in den Santa Monica Mountains. Zwischen Griffith Park und Downtown finden sich interessante Viertel wie Glendale und Frogtown/Elysian Valley am teilweise renaturierten L.A. River.
- **Pasadena** – nordwestlich der Innenstadt und östlich des Griffith Park – lohnt wegen Old Pasadena und der Huntington Library & Gardens einen Besuch.
- **San Fernando Valley** ist ein nördlich von Hollywood und dem Griffith Park gelegenes Tal in den Santa Monica Mountains und Sitz der Universal Studios. Außerdem befindet sich hier das angesagte North Hollywood.
- **Harbor Area** meint das Gebiet um den Hafen zwischen San Pedro, Wilmington (Stadtteile von L.A.) und Long Beach.
- **Orange County** ist ein Landkreis, der südöstlich von Downtown beginnt und bis zum Pazifik reicht. Zugehörig ist die Metropole Anaheim. „O.C." ist eine touristische Hochburg mit Freizeitparks wie **Disneyland** und **Knott's Berry Farm** sowie **Beach Cities** wie Huntington Beach.

Blick vom Griffith Park 38 *auf die Skyline von Downtown*

101la Abb.: LATourism

Kurztrip nach Los Angeles

Die meisten Besucher kommen im Rahmen einer längeren Rundreise nach L.A., oft ist die Metropole Ankunfts- oder Abflugspunkt. Doch es ist schwierig, Los Angeles an einem oder zwei Tagen zu erkunden, dazu sind allein schon die Distanzen zwischen den einzelnen Stadtteilen, Sehenswürdigkeiten und Attraktionen zu groß.

Drei Tage sollten für L.A. das Minimum sein – mehr wäre besser, speziell für alle, die Disneyland und eine Studiotour planen. Die Stadt kennt nämlich wie New York keine Grenzen. Auf den vielspurigen Autobahnen kann man rasch die Orientierung verlieren und sich angesichts der weitverstreuten Attraktionen und Museen, Einkaufsareale und *neighborhoods* schnell überfordert fühlen. Über eines sollte man sich klar sein: Es ist unmöglich, alle Attraktionen auf einmal „mitzunehmen“, es müssen **Schwerpunkte** gesetzt und es sollte im Vorfeld geplant werden.

Öffentlicher Nahverkehr ist vorhanden, nützt einem allerdings nur eingeschränkt etwas, da er lokal begrenzt (z.B. Downtown und Hollywood) und die Benutzung zeitaufwendig ist. Ein **Mietwagen** ist unabdingbar und eine kluge Standortwahl bei der Unterkunft hilft ebenfalls.

1. Tag: Hollywood und Downtown

Der erste Tag gehört **Hollywood** und dem Herzen der Stadt, **Downtown L.A.** Das bietet auch den Vorteil, zu Anfang nicht gleich den ganzen Tag mit dem Auto unterwegs sein zu müssen, denn viele Ziele in Downtown L.A. und Hollywood sind gut mit **Metro Rail**, der Schnellbahn, und **DASH**-Bussen erreichbar.

Vormittags – Hollywood

Mit **Ovation Hollywood** ⑰ (Metro-Station Red Line) als Ausgangspunkt erkundet man entlang dem Holly-

103la Abb.: mb

wood Blvd. den **Walk of Fame** 16 und streift dabei Attraktionen wie das TCL Chinese Theatre 18, das Hollywood Roosevelt Hotel (s. S. 123), das Hollywood Museum 19 oder das Grauman's Egyptian Theatre 20. Man kann diesen Abschnitt auch im Rahmen eines geführten Spaziergangs, z. B. mit Free Tours by Foot (s. S. 119), erkunden. Für die **Mittagspause** bieten sich Mel's Drive-In (s. S. 71) oder eines der Lokale in Ovation Hollywood 17 an.

Nachmittags – Downtown

Mit der Metro (B Line) gelangt man schnell von Hollywood in die Innenstadt und kann dort den auf Seite 13 beschriebenen **Spaziergang** zur Erkundung nutzen. **Downtown** hat eine Menge zu bieten, denn mehrere zentrale Viertel haben sich zu attraktiven Bummelarealen entwickelt. Dazu gehören der **Arts District** 5 jenseits von **Little Tokio** 4 oder der **Fashion District** 13 im südlichen Teil der Innenstadt.

Abends und nachts

Hier lohnt auf alle Fälle der Besuch des **Entertainmentkomplexes L.A. LIVE** 12, einem Konglomerat von Restaurants, Bars, Clubs (z. B. The Novo, s. S. 78) und Kinos sowie dem Grammy Museum 12 und die Crypto.com Arena (s. S. 118) als Sport- und Konzerthalle. Hier kann man den ersten Tag in L.A. gut ausklingen lassen.

2. Tag: Westside und Santa Monica

Am zweiten Tag stehen weitverstreute Highlights auf dem Besichtigungsprogramm, die man am besten im **Mietwagen** nacheinander abfährt. Manche Ziele wie Old Pasadena 40, Long

Das gibt es nur in L.A.

- **Star Gazing** am Rodeo Drive 30, am Sunset Strip 29 oder in einer der illustren Hotelbars
- **California Way of Life:** Wo, wenn nicht an den Stränden von L.A., hätte der legere Lifestyle der Beach Boys und Girls zu solcher Perfektion getrieben werden können (s. S. 44)?
- **Toons:** Comic- und Filmcharaktere in voller Montur bieten sich (gegen Trinkgeld) zum Fotografieren auf dem Hollywood Blvd. an.
- **Santa Ana Winds:** Die „devil winds", die im Great Basin durch steigenden Luftdruck entstehen und bei Annäherung an L.A. Geschwindigkeiten bis zu 130 km/h erreichen können, sind gefürchtet (s. S. 89).
- **Filmstudios:** Beim Filmdreh zusehen, aktiv im Publikum bei einer Show dabei sein oder einfach „nur" Filmkulissen begutachten – nirgendwo sonst gibt es dazu so zahlreiche Gelegenheiten wie in L.A. (s. S. 32).
- **German Cars:** In keiner anderen amerikanischen Stadt sind **deutsche Autos,** v. a. BMW, Mercedes, Porsche, aber auch Audi und VW, beliebter als in L.A. „Deutsche Qualitätsarbeit" wird von den Angelenos als Statussymbol geschätzt.

◁ *Classic Cars im Petersen Automobile Museum* 28

Beach 37 oder Santa Monica 35 sind jedoch auch per Metro erreichbar.

Vormittags und mittags

Auf der **Westside** befinden sich Nobelwohnorte wie **West Hollywood, Bel Air** oder **Beverly Hills** und hier erstrecken sich auch der legendäre **Rodeo Drive** 30 und der **Sunset Strip** 29, die bekannten Einkaufs- und Bummelmeilen der Stars und der Reichen. Ebenfalls im Westen der Stadt liegt mit dem **LACMA** 24 eines der Museumshighlights der Stadt.

Schon einmal in der Gegend, könnte man auch – je nach Geschmack und Zeit – das **Petersen Automotion Museum** 28, das **Academy Museum** 25 oder das **La Brea Tar Pits Museum** 26 im Hancock Park besuchen.

Für die Mittagspause empfiehlt sich eines der Museumsrestaurants oder der **L.A. Farmers Market** (s. S. 36). Fährt man gleich weiter zum **Getty Center** 33 in den Brentwood Hills, könnte man im dortigen Lokal nicht nur gutes Essen, sondern auch einen traumhaften Ausblick genießen.

Nachmittags und abends

Nach dem Besuch des Getty Center, der einem sicher zu kurz vorkommen wird, geht es an die Küste, in die **Getty Villa** 34 bei Malibu, um dort in die römische Antike einzutauchen. Für den Rest des Tages und eine laue Nacht wären Strandfeeling und Dolce Vita in **Santa Monica** 35 oder **Venice** 36 das Richtige (günstig mit Unterkunft dort). Vor dem Sonnenuntergang und einem Dinner am **Santa Monica Pier** lohnt sich ein Bummel über die **3rd Street Promenade.**

Eine Standseilbahn in Los Angeles: die Angels Flight Railway

3. Tag: Besuch bei Mickey und seinen Freunden

Ein Besuch in Los Angeles wäre unvollständig ohne Mickey und Co. in **Disneyland** 42 seine Aufwartung zu machen. Dabei gilt es, sich zu entscheiden, ob man einen ganzen Tag investieren möchte – was sich angesichts der Eintrittsgebühr anböte – oder zusätzlich am Nachmittag einen Besuch in den **Universal Studios** 23 einplant.

Wer noch nicht auf dem **Griffith Observatory** 38 war, hätte abends dazu noch Gelegenheit. Der Ausblick ist grandios!

Wer mehr Zeit hat ...

... hat Optionen über Optionen: Auf Westernfreunde wartet **The Autry** 39. Da dieses im **Griffith Park** 38 liegt, ließe sich der Museumsbesuch gut mit einer Erkundung des Parks inklusive des Griffith Observatory verbinden. Ein Tipp für Familien ist der **Zoo** gegenüber dem Autry Museum.

Kulturfreunde erwarten im **Exposition Park** (s. S. 23) interessante Museen. 2025 eröffnet hier als neueste Attraktion das **Lucas Museum of Narrative Art** (https://lucasmuseum.org).

Knott's Berry Farm 43 – wie Disneyland in Anaheim gelegen – bietet sich als weiterer Vergnügungspark an. Zum Entspannen, Ausruhen und für den Kunstgenuss eignen sich die **Huntington Library & Botanical Gardens** 41 hervorragend.

Wasserratten und Sonnenanbeter können unter **Strandkommunen** wie **Venice Beach** 36, **Redondo Beach, Long Beach** 37 – mit einigen kulturellen Attraktionen – oder **Huntington Beach** wählen.

Stadtspaziergang

Downtown L.A., nur ein paar Schnellbahn-Stationen von Hollywood entfernt, hat sich zu einem attraktiven Gemisch aus historischen und modernen Bauten sowie **schicken und ethnisch bunt gemischten Vierteln** gemausert. Der Rundgang, der ungefähr zwei Stunden dauert, startet an der **Union Station** 2 (Metro-Station A, B und D Line). Ein Blick in den historischen Bahnhof lohnt. Ein paar Schritte entfernt erinnert **El Pueblo** 1 an die spanischen Wurzeln der Stadt. Zwei weitere **ethnische Viertel** in nächster Nähe sind Chinatown 3 im Norden und Little Tokio 4 sowie der Arts District im Süden, alle leicht zu Fuß oder mit der Metro erreichbar; sie sind jeweils nur eine Station (A Line) von Union Station entfernt.

Zurück zum Rundgang: Zwei Blocks südlich von El Pueblo erhebt sich die **City Hall** 6. Ein weiteres Highlight auf dem Rundgang ist die **Cathedral Our Lady of the Angels** 7, ein interessanter Bau, der jedoch durch die nahe **Walt Disney Concert Hall** 8 architektonisch noch übertroffen wird. Kunstfreunde sollten das gegenüberliegende **MOCA** 10 und **The BROAD** 9 nicht versäumen. Von Bunker Hill, wie das Viertel heißt, bringt einen seit über 100 Jahren die Angels Flight Railway hinunter zum **Grand Central Market** 11. Über den Broadway mit einigen historischen Theatern geht es durch Historic Downtown zum Pershing Square. Über die Central Library erreicht man das **Geschäftszentrum** mit Macy's Plaza und FIGAT7TH (s. S. 80).

Hier am **Ende des Rundgangs** liegt wieder eine Metro-Station (7th St./Metrocenter, A, B, D und E Line). Entweder nutzt man sie zur Fahrt ins Hotel oder man schließt das Abendprogramm gleich an. Mit der Metro ist man beispielsweise schnell im **Arts District** 5 oder per E Line in **Santa Monica** 35, um dort den Sonnenuntergang am Pier zu erleben.

Routenverlauf im Stadtplan

Die hier beschriebene Spaziergang ist mit einer farbigen Linien im Stadtplan eingezeichnet.

105la Abb.: mb

Downtown

Die Suche nach der Stadt Los Angeles scheint zwecklos – man fährt stundenlang durch mehr oder weniger gleichförmige Siedlungen in dichtem Verkehr und wundert sich, wo sich denn dieses L.A. eigentlich befinden soll. Bei genauerem Hinschauen entdeckt man dann am Horizont vor der Bergkulisse der schneebedeckten Sierra Nevada die in der Sonne glitzernde Skyline von Downtown.

Downtown L.A. bietet nicht nur spektakuläre Bauten und historische Relikte, sondern erlaubt auch das Eintauchen in ganz verschiedene Welten – chinesische, mexikanische oder und japanische. Daneben locken aber auch Kultur und Unterhaltung, Sport und Shopping.

Noch in den 1960er-Jahren war es tatsächlich schwierig, die Innenstadt überhaupt zu finden. Damals gab es noch keinen einzigen Wolkenkratzer, denn aus Angst vor Erdbeben hatte man sich für ein Bauen in die Breite, für *horizontal architecture*, entschieden. Diesem Prinzip ist man bis heute grundsätzlich treu geblieben, allerdings mit Ausnahmen wie Downtown oder Century City, wo in den letzten Jahrzehnten spektakuläre Hochhauskonglomerate entstanden sind.

Sightseeing: Distanz und Zeit

L.A. unterscheidet sich durch seine **Dimensionen** fundamental von anderen Großstädten. Obwohl in diesem Buch bei **Besuchszielen** zumeist der öffentliche **Nahverkehr** angegeben wurde, ist zu berücksichtigen, dass Busse und auch die Metro oft lang brauchen und dann manchmal auch noch **Fußmärsche** nötig sind, um ans Ziel zu gelangen. Selbst mit dem **Auto** sollte man die Entfernungen nicht unterschätzen, zumal Museen und Attraktionen **über den ganzen Großraum verteilt** sind. Eine Grundregel der Einheimischen lautet: „Plane immer eine Dreiviertelstunde extra ein!" – damit ist man entweder 15 Minuten zu früh – oder zu spät – dran ...

Unterwegs in Downtown

Wohnt man in Downtown, kann man bei der Erkundung der Innenstadt auf das eigene Auto verzichten. Viele Strecken lassen sich zu Fuß zurücklegen, zudem führen fünf Linien der **Metro Rail** (als U-Bahnen) in bzw. durch das Zentrum und fünf **DASH-Buslinien** ermöglichen schnelles Herumkommen (s. S. 126).

1 El Pueblo de Los Angeles ★ [D2]

Der ideale Ausgangspunkt für einen Stadtrundgang ist der El Pueblo de Los Angeles Historic Park an der Olvera Street, gegenüber dem Bahnhof. 1781 schlug hier die Geburtsstunde der Stadt: In der Nachbarschaft des Indianerstammes der Tongva hatten an die 40 Siedler – nur zwei der *pobladores* waren aus Spanien, der Rest in Mexiko geborene Indianer, Schwarze oder Mestizen (Mischlinge) – ein kleines Dorf mit großem Namen gegründet: **El Pueblo de Nuestra Señora la Reina de Los Angeles de Porciúncula.**

Die restaurierten und unter Denkmalschutz gestellten Überbleibsel dieser alten spanisch-mexikanischen Siedlung gruppieren sich um den alten Marktplatz, **La Placita** mit Denkmälern und Bühne, und entlang der Olvera Street. Das ganze Areal ist heute ein touristischer Anziehungspunkt mit bunten Marktständen und Straßenhändlern, Souvenirshops und Restaurants. Abends spielen Mariachi-Bands in den Restaurants auf. Interessanterweise befindet sich gerade im El Pueblo auch das **Italian American Museum of LA** (s. S. 61).

An die Vergangenheit erinnern historische Bauten wie die **Avila Adobe** von 1818 und damit das älteste erhaltene Haus der Stadt, das **Sepulveda House** (1887), das **Old Plaza Firehouse** (1884) oder die alte **Missionskirche Nuestra Señora la Reina de Los Angeles** (N Main St./Sunset Blvd.), die allerdings zwei Vorgängerinnen hat. Der erhaltene Kirchenbau stammt aus den Jahren nach 1860.

› **El Pueblo Visitor Center,** 845 N Alameda St., tgl. 10–mind. 19 Uhr, Gelände (Läden/Restaurants) tgl. 10–22 Uhr (im Winter bis 19.30 Uhr), Avila Adobe und Sepulveda House tgl. 9–16 Uhr (frei). Infos (auch zu Veranstaltungen und Gratistouren): https://elpueblo.lacity.org und https://discoverolverastreet.com. Anfahrt: Metro Rail – A, B, D Line bis „Union Station".

Als Würdigung der mexikanischen Kultur versteht sich die **LA Plaza de Cultura y Artes** mit Kulturzentrum, Ausstellungen zur Geschichte der Mexikaner bzw. Mexican-Americans in L.A., mit Programmen und Veranstaltungen sowie Imbissbuden, historischen Bauten und Grünanlage.

› 501 N Main St., Mo., Mi.–So. 12–17 Uhr, frei, https://lapca.org

022la Abb.: mb

„Eisenbahnkathedrale" aus den 1930er-Jahren: die Union Station 2

2 Union Station ★ [D2]

Direkt gegenüber von El Pueblo liegt der sehenswerte **Hauptbahnhof** der Stadt, die Union Station. In den späten 1930er-Jahren erbaut, gilt das Gebäude als Musterbeispiel des spanisch-mexikanischen Baustils mit Streamline-Elementen (s. S. 64) und als perfekte Verkörperung von einstigem Reiseluxus. Noch heute dient der Bahnhof als End- bzw. Startpunkt der Fernzüge der halbstaatlichen Eisenbahngesellschaft Amtrak, dazu als Haltepunkt für die lokalen Nahverkehrszüge sowie der Metro Rail.

› 800 N Alameda St., Anfahrt: Metro Rail – A, B, D Line bis „Union Station"

MEINE TIPPS

Kulinarisches Chinatown

1 [C1] **Hop Woo BBQ & Seafood Restaurant** $-$$, 845 N Broadway, https://hopwoo.com/. Große preiswerte Kombiplatten mit viel *seafood*, aber auch Fleisch oder Hummer. Bis mind. 1 Uhr geöffnet.

2 [C1] **Far East Plaza Food Mall,** 727 N Broadway. Hier gibt es Lokale mit verschiedensten asiatischen Küchen, z. B. Kim Chuy oder Qin West.

3 [C1] **Wonder Bakery,** 943 N Broadway, www.wonderbakery.com. Espresso, Smoothies und Säfte werden zu chinesischen *sesame balls*, Cremekuchen, *sweet-bean pies* oder Fleischtaschen serviert. Gut sind auch die *soft buns* mit süßen oder salzigen Füllungen.

Japanische Leckereien

4 [D4] **Kouraku,** 314 E 2nd St. Diner mit günstigen Nudelgerichten.

5 [E4] **Tenno Sushi** $$, 207 S Central Ave. Günstige Sushi und Rolls.

6 [D4] **Yamazaki Bakery,** 123 Japanese Village Plaza Mall. Brot und süßes Gebäck aller Art.

7 [E4] **Sushi Gen Restaurant** $$-$$$, 422 E 2nd St., www.sushigen-dtla.com, Di.–Fr. Lunch & Dinner, Sa. nur Abendessen. Authentisch japanisch, v. a. mittags günstig.

8 [D4] **Wolf & Crane,** 366 E 2nd St., http://wolfandcranebar.com. Ab 17 Uhr (Sa./So. ab 14 Uhr) geöffnete Neighborhood-Bar mit toller Auswahl an japanischen Whiskys.

L.A. hat nicht nur im Arts District tolle Wandbilder zu bieten– hier ist Kobe Bryant abgebildet

3 Chinatown ★ [C1]

Nördlich der Union Station gilt das sich über acht Blöcke entlang dem N Broadway ausdehnende Chinatown als **ältestes seiner Art in den USA.** Hier sollen gut 12.000 Menschen leben, das Zentrum befindet sich um den Sunyat-Sen Square. Zwar lässt es sich nicht mit dem Chinesenviertel in San Francisco vergleichen, doch auch hier werden in den Geschäften neben viel Kitsch authentische Waren aus China, Taiwan und Hongkong und vielerlei Lebensmittel verkauft und die Restaurants bieten Köstlichkeiten des Fernen Ostens.

› Infos: https://chinatownla.com, Anfahrt: Metro Rail – A Line bis „Chinatown"

4 Little Tokyo ★ [D3]

Südlich der Union Station erstreckt sich zwischen 1st und 3rd sowie Alameda und Los Angeles Street Little Tokyo mit der **Japanese Village Plaza** (1st St./Central Ave.) im Zentrum. Dort beginnt der „Little Tokyo Walk" – ein markierter Rundgang durch das Viertel mit Informationstafeln. Konzentriert im Japanese Village und dem nahen Wolden Court bieten Läden und Lokale japanische Produkte und Spezialitäten an. 1995 wurde das Viertel als National Historic Landmark District unter Denkmalschutz gestellt.

Wer sich für die Geschichte der Japaner in den USA interessiert, sollte das **Japanese American National Museum** (s. S. 61) besuchen. Daneben befindet sich das **MOCA Geffen** (s. S. 62), eine der beiden Filialen des MOCA 10.

› Infos: https://japanesevillageplaza.net, Anfahrt: Metro Rail – A, E Line bis „Little Tokyo", Bus 30, 40, 42 bis „Judge John Aiso/1st"

104la Abb.: mb

5 Arts District ★★ [E4]

An Little Tokyo grenzt der Arts District an, der sich zwischen E 1st und E 6th St. sowie Alameda St. und Los Angeles River erstreckt. Schon in den 1970er-Jahren waren Künstler in die alten Lagerhallen eingezogen, dazu kamen Galerien wie Hauser & Wirth und zahlreiche Lokale und Cafés, darunter Camphor, ein mit Michelin-Stern ausgezeichnetes Bistro, oder die **Angel City Brewery** (s. S. 74).

Bekannt ist das Viertel vor allem für seine **Wandmalereien.** Darunter sind sehenswerte Beispiele bekannter Street Artists wie Shepard Fairey, RETNA oder WRDSMTH.

An der Südwestecke des Viertels (S Alameda St./7th St.) befindet sich der historische Los Angeles Terminal Mart aus den 1920er-Jahren, einst der zweitgrößte Großhandelsterminal der Welt, von dem lediglich der alte **7th St. Produce Market** (s. S. 83) geblieben ist. Ansonsten sind in die historischen Hallen, die heute als **ROW DTLA** (s. S. 81) bekannt sind, Läden und Lokale eingezogen und

Mein Tipp

Öffentliche Kunst an Metro-Bahnhöfen

Los Angeles Metro (s. S. 126) hat ein **Public Art Project** ins Leben gerufen, bei dem in Bahnhöfen im ganzen County Kunstwerke zu lokalen Themen gezeigt werden. Seit 1989 hat das Metro Art Department über 300 vorwiegend einheimische Künstler beauftragt, **Busstationen und Bahnhöfe,** aber auch **Busse** u. a. künstlerisch auszugestalten. Ausführliche Infos zu dem Projekt und zu Touren finden sich unter: https://art.metro.net.

Beispiele an der B Line:

- Union Station: Wandbild „LA: City of Angels" von Cynthia Carlson
- Civic Center Station: „Under the Living Rock", Glasmosaik von Samm Kunce
- Pershing Square Station: „Neons for Pershing Square Station", Neonkunst von Stephen Antonakos
- 7th Street/Metro Center Station: „The Movies: Fantasies and Spectacles", zwei Wandbilder zum Thema Film von Joyce Kozloff

sonntags findet der Smorgasburg-Markt (s. S. 83) statt.

› Anfahrt: Metro Rail – Gold Line bis „Little Tokyo/Arts District“

6 City Hall ★ [C3]

Einen Block südlich von El Pueblo bildet die monumentale **City Hall** den Kern des **Civic Center District**, einem Konglomerat aus Verwaltungsgebäuden. Zwischen 1928 und 1964 galt das Rathaus mit seinen 27 Etagen noch als höchster Bau der Stadt, denn aus Angst vor Erdbeben waren lange keine Hochhäuser erlaubt. Obwohl inzwischen ringsum zahlreiche moderne *skyscraper* das Rathaus überragen, lohnt der (kostenlose) Ausblick vom 27. Stock des Rathausturms sich immer noch.

Schräg gegenüber fällt das klotzige Gebäude der **L.A. Times** ins Auge, eine der größten Tageszeitungen Amerikas, die 1881 als „Los Angeles Daily“ gegründet worden war. Heute, in Krisenzeiten der Printmedien, sucht die Times ungewöhnliche Verdienstmöglichkeiten und vermietet den Bau auch für Dreharbeiten an die Film- und Fernsehindustrie.

› **City Hall Observation Level,** 200 N Spring St., 27th floor, Mo.–Fr. 9–17 Uhr, Eintritt frei, Sicherheitskontrollen, Anfahrt: Metro Rail – B, D Line bis „Civic Center“

7 Cathedral of Our Lady of the Angels ★★ [B3]

Aus den gleichförmigen Verwaltungsbauten südlich von El Pueblo, ragt die architektonisch ungewöhnliche Cathedral of Our Lady of the Angels heraus, die kaum rechte Winkel aufweist und doch an spanische Missionskirchen erinnert. Die **Bischofskirche** des Erzbistums Los Angeles, das über 4 Mio. Gläubige zählt, wurde 2002 nach Plänen des spanischen Architekten José Rafael Moneo fertiggestellt und bietet 3000 Menschen Platz. Von innen wie von außen wirkt der Bau luftig und ähnelt kaum einer typischen Kirche. Sehenswert ist die monumentale „Our Lady of the Angels“ am Hauptportal, geschaffen von Robert Graham. Im **Untergeschoss** befindet sich neben einer Kapelle und Münchener Glasfenstern aus den 1920er-Jahren auch ein Mausoleum, in dem u.a. der Schauspieler Gregory Peck zur letzten Ruhe gebettet liegt. Eine **Ruheoase** trotz der nahen Autobahn ist der kleine Garten neben der Kirche.

› 555 W Temple St., www.olacathedral.org, Mo.–Fr. 6–18, Sa. 9–18, So. 7–18 Uhr, Mausoleum Mo.–Fr. 9–16, Sa., So. 9–17.30 Uhr, mit Café und Shop, Anfahrt: Metro Rail – A, E Line bis „Historic Broadway“.

8 Walt Disney Concert Hall ★★★ [B3]

Ein Blickfang in Downtown L.A. ist die 2003 fertiggestellte Walt Disney Concert Hall, ein mehrteiliges, abenteuerlich geschwungenes, organisches Gebilde aus silbernen Metallplatten, in denen sich die Sonne Kaliforniens und die üppige Vegetation des zugehörigen Parks effektvoll spiegeln.

Lillian Disney, Ehefrau von Walt Disney, hatte 1987 der Stadt eine Spende zukommen lassen, die sie mit der Auflage verband, dass das Geld als Grundstock für den Bau einer **städtischen Konzerthalle** für die „LA Phil“ verwendet werden sollte. Der berühmte kanadische Architekt Frank Gehry erhielt den Auftrag und es entstand eine der architektonisch meist diskutierten, auffälligsten und

083la Abb.: mb

bedeutendsten Konzerthallen der Welt. Sie wird jedoch zugleich für ihre **hervorragende Akustik** – dafür zeichnet der Japaner Yasuhisa Toyota verantwortlich – viel gerühmt. Die Halle verfügt über 2265 Plätze, die ungewöhnlicherweise im Kreis um das Orchester angeordnet sind, wobei die Sitze hinter der Orchestra besonders preiswert zu haben sind. Eine mächtige Orgel – von den Angelenos spöttisch „French Fries" genannt – lässt den Raum wie eine Kathedrale wirken.

Die **Innengestaltung** mit viel Holz, Kunstwerken und in warmen Farben gehalten, steht im Kontrast zum **äußeren Erscheinungsbild** der von dünnen silberglänzenden Stahlplatten verkleideten mehrteiligen Halle. Die Formen sollen an Segel – Gehry ist begeisterter Segler – und an Rosen erinnern. Letzteres ist eine Referenz an die Sponsorin und ihre Liebe zu Gärten. Ihr zu Ehren wurde auch ein außergewöhnlicher **Roof Garden** (frei zugänglich), eine schön bepflanzte Ruheoase mit Rosenbrunnen aus Delfter Porzellan, hinzugefügt.

Die Disney Concert Hall ist Teil des **Music Center** (s. S. 78), mehrerer Bauten an der Grand Avenue nordwärts, in denen Los Angeles Master Choir, Symphonie Orchestra und Opera zu Hause sind.

› 111 S Grand Ave., www.laphil.com, Roof Garden tgl. 9–23 Uhr, Besichtigung innen auf eigene Faust (mit kostenlosem Audioguide) tgl. 10–14 Uhr (Details unter: www.musiccenter.org/visit-explore/visit-explore/tours/walt-disney-concert-hall-self-guided-tours), mit Café, Restaurant und Laden. Anfahrt: Metro Rail – A, E Line bis „Grand Ave Arts/Bunker Hill".

⌃ *Augen- und Ohrenschmaus: Frank Gehrys Walt Disney Concert Hall* 8

106la Abb.: mb

9 The BROAD ★★★ [B4]

Neben der Disney Concert Hall befindet sich mit The BROAD ein spektakuläres Museum für zeitgenössische Kunst.

Das vom Architekturbüro Diller Scofidio + Renfro mit einer auffälligen gespinstartigen Fassade geplante und mit LEED Gold (Leadership in Energy and Environmental Design) ausgezeichnete Gebäude beherbergt eine wechselnde Auswahl der rund 2000 Werke (Nachkriegskunst und Zeitgenössisches) der von Eli und Edythe Broad ins Leben gerufenen **Broad Art Foundation,** die im Museum ihren Sitz hat und weltweit Kunstwerke verleiht.

Das Besondere am Museumskonzept ist, dass öffentlich zugängliche Ausstellungsflächen gekonnt mit Archiv- und Lagerräumen verbunden wurden, die für Besucher einsehbar sind. Ungewöhnlich ist die den Bau umgebende wabenartige Hülle, die das Tageslicht eindringen lässt, aber die Sonne abhält.

An das Museum grenzt im Süden eine mit Olivenbäumen begrünte **Plaza** an, die an einer Schmalseite durch ein **Restaurant** begrenzt wird.

› 221 S. Grand Ave., Di., Mi., Fr. 11–17, Do. 11–20, Sa., So. 10–18 Uhr, www.thebroad.org, Eintritt frei, aber Ticketreservierung nötig, mit The Shop at The Broad (Literatur, Kunsthandwerk, Accessoires, Poster und Karten) und dem Restaurant Otium auf der vorgelagerten Plaza (https://otiumla.com), Metro Rail – A, E Line bis „Grand Ave Arts/Bunker Hill"

The BROAD ist nicht nur architektonisch sehenswert, sondern auch wegen der hier gezeigten Kunst

10 MOCA Grand (Museum of Contemporary Art) ★★ [B4]

Die Grand Avenue, an der auch die Walt Disney Concert Hall 8 liegt, ist die Hauptachse von **Bunker Hill.** Einst ein Nobelwohnviertel, erstreckt sich heute hier der von modernen Wolkenkratzern dominierte **Financial District.** Gegenüber der Concert Hall befindet sich in einem ungewöhnlichen, postmodernen Gebäudekomplex des japanischen Architekten Arata Isozaki aus dem Jahr 1986 das **Museum of Contemporary Art.** Es zeigt eine der bedeutendsten amerikanischen Sammlungen moderner und zeitgenössischer Kunst verschiedenster Genres von Künstlern wie Rothko, de Kooning, Pollock, Kline, Rauschenberg, Rosenquist, Oldenburg, Warhol, Francis, Flavin, Stella oder Ruscha sowie Wechselausstellungen.

Das unterirdisch gelegene Museum verfügt über eine weitere Filiale in Little Tokyo, das **MOCA Geffen** (s. S. 62), wo Wechselausstellungen zu zeitgenössischer Architektur und Design stattfinden.

› 250 S Grand Ave., www.moca.org, Di., Mi., Fr. 11–17, Do. bis 20, Sa., So. bis 18 Uhr, Dauerausstellung frei, Sonderausstellung $ 18 (Ticket-Vorreservierung nötig), mit schönem Museumsladen (Schmuck, Bücher, Magazine) und Café lemonade, Anfahrt: Metro Rail – A, E Line bis „Grand Ave Arts/Bunker Hill"

11 Grand Central Market ★ [C4]

Vom MOCA Grand 10 ist es ein Katzensprung ins Historic Downtown und zum Grand Central Market. Um von Bunker Hill hinunterzugelangen, benutzt man am besten ein historisches Relikt namens **Angels Flight.** Seit 1901 verbindet diese Standseilbahn – neben der eine Treppe für die einfachen Leute verläuft, die sich die Fahrt nicht leisten konnten – auf nur knapp 100 m Bunker Hill mit Downtown und gilt als fotogenes Unikum.

Der **Standseilbahn** entstiegen befindet man sich in einer anderen Welt: Ramschläden und Kleidergeschäfte reihen sich aneinander, doch Ziel der meisten Besucher ist der **Grand Central Market.** Seit 1917 werden in dieser Halle Obst, Gemüse und mexikanische Spezialitäten an den Verkaufs- und Imbissständen angeboten. Heute würde man das Ganze eher „International Food Hall" als Markt nennen.

Um den Broadway erstreckt sich Historic Downtown mit zahlreichen historischen Bauten, von denen als eindrucksvollste Beispiele das **Los Angeles Theatre** (615 S Broadway), das **Palace Theatre** – ein ehemaliges Vaudeville-Theater von 1911 – und das **Orpheum** (s. S. 78) sowie das **Bradbury Building** (304 Broadway) von 1893 übrig geblieben sind.

Meine Tipps

Pupusas

Sarita's Pupuseria im Grand Central Market 11 ist bekannt für frische und preiswerte Tortillas. Die handgemachten Maistortillas werden als *pupusa revueltas* wie Teigtaschen mit Käse, Bohnen und *chicharrón* (Speckkrusten) gefüllt oder als Basisvariante *frijol y queso* (Bohnen und Käse) mit Krautsalat serviert. Dazu trinkt man am besten *watermelon agua fresca.* Zum Nachtisch: Donuts von The Donut Man (links vom Eingang Broadway).

Dem Himmel so nah

Im 71st Floor des zweithöchsten Baus der Stadt, des 1989 eröffneten U.S. Bank Tower, genießt man im 71Above (Restaurant und Bar) einen 360-Grad-Ausblick auf die Stadt. Höher als der U.S. Bank Tower ist nur der Turm des InterContinental Los Angeles Downtown mit 335 m. Von dessen Rooftop Cocktail Lounge **Spire 73** kann man ebenfalls den Ausblick genießen.

9 [B5] **71Above** $$-$$$, 633 W 5th St., www.71above.com, ab 17 Uhr. Nicht nur tolle Aussicht, sondern auch hervorragendes Essen!

10 [A5] **Spire 73,** 900 Wilshire Blvd., http://spire73.com

In einem der historischen Bankgebäude befindet sich der sehenswerte **Last Bookstore** (s. S. 82). Auch das Hotel **Millennium Biltmore** (s. S. 122) ist alt: 1923 an der Grand Avenue erbaut, zählt es zu den nobelsten Herbergen des Westens. An der Südseite des Hotels breitet sich der **Pershing Square** aus. 1866 als erster Stadtpark angelegt, verteilen sich Monumente, Denkmäler und Brunnen auf dem Platz und im Sommer finden Konzerte und ein Markt statt.

Auch die **Los Angeles Central Public Library** (630 W 5th St.) mit Gratis-WLAN, Ausstellungen und Veranstaltungen befindet sich in nächster Nähe. Zwei Blocks südlich der Bibliothek erreicht man **The Bloc** (s. S. 81), eine mehrstöckige Shoppingmall mit Lokalen. Eine Fußgängerunterführung verbindet die Mall mit der Metrostation „7th St./Metro Center".

- › **Angels Flight Railway,** 350 S Grand Ave bzw. 351 S Hill St., www.angelsflight.org, tgl. 6.45–22 Uhr, $ 1 ($ 0,50 mit TAP Card)
- › **L.A. Central Public Library,** 317 S Broadway, tgl. 9–18 Uhr, https://grandcentralmarket.com, Anfahrt: Metro Rail – B, D Line bis „Pershing Square" bzw. A, B, D, E Line „7th St./Metro Center"

⓬ L.A. LIVE mit GRAMMY Museum ★★ [A7]

Zwischen 2007 und 2010 entstand mit L.A. LIVE in der südlichen Innenstadt ein großer, moderner **Entertainmentkomplex.** Außer Restaurants und Bars, Kinos und Musikclubs sorgte v. a. das **Marriott Hotel** (s. S. 122), dessen obere Etagen das Luxushotel Ritz Carlton einnimmt, für eine touristische Wiederbelebung von Downtown. Beliebt ist **The Novo** (s. S. 78), das mit seinen 2300 Plätzen als Konzertbühne dient, und der legendäre Club **Conga Room** (s. S. 75) zieht ebenso junge Leute an wie die Lucky Strike Lanes, eine Bowlinganlage mit 18 Bahnen.

Interessant für Besucher ist aber v. a. das dem Komplex zugehörige **GRAMMY Museum.** Im Zentrum steht hier der „Oscar der Musikindustrie" – Auszeichnungen, die seit 2008 hier vergeben werden. Auf vier Etagen geht es um Musiklegenden, Stars und Bands, Labels und Aufnahmestudios, große Produzenten, die Geschichte der Awards und die Musikentwicklung im Allgemeinen. Dazu gehören Hörstationen, Filme und Wechselausstellungen. Außer einer Dachterrasse gehören die Grammy Sound Stage, eine Bühne mit 200 Plätzen, wo regelmäßig Konzerte stattfinden, und ein großer Shop zum Museum.

- › GRAMMY Museum, S Figueroa St., https://grammymuseum.org, Mo., Mi.–Fr. und So. 11–17, Sa. 10–18 Uhr, $ 18. Infos zu L.A. LIVE: www.LALive.com, Anfahrt: Metro Rail – A, E Line bis „Pico"

⓭ Fashion District ★ [B6]

Wenige Blocks östlich von L.A. Live ⓬ liegt der Fashion District, früher als „Garment District" bezeichnet. Genau genommen erstreckt sich das Viertel zwischen Main Street und Los Angeles River, 7th St. und Washington Boulevard. Für Besucher sind in dem großen Areal einige Teile besonders interessant: beispielsweise die kunterbunt-mexikanisch anmutende **Santee Alley** (s. S. 82), eine Fußgängerzone zwischen Olympic Blvd. und 12th St., die parallel zur Santee Street verläuft. In der engen Gasse wie auch in den umgebenden

Straßen gibt es unzählige preiswerte Bekleidungs- und Schuhgeschäfte, aber auch Spielzeug, Elektroartikel etc. werden verkauft. Dazu kommen mexikanische Straßenhändler und Imbisslokale. Quasi um die Ecke liegt der **L.A. Flower Mart** (Wall St. zwischen 7th und 8th St.), auch bekannt als Flower District.

Im Südosten des Fashion District befindet sich neben dem **San Pedro Wholesale Mart** (Läden und Showrooms, https://sanpedromart.com) der **City Market South** (s. S. 83): In ein historisches Lagerhaus, in dem 1909 ein städtischer Markt eingerichtet worden war, sind Büros, Läden und Lokale eingezogen.

In nordwestlicher Richtung, nahe L.A. Live, befindet sich das **FIDM (Fashion Institute of Design & Merchandising).** Es betreibt ein kleines Museum (s. S. 60) undeinen Laden, in dem Accessoires (Schmuck) und Kleidung – entworfen von Studenten der Schule – zum Verkauf stehen. Das Museum zeigt interessante Wechselausstellungen und verfügt über eine Sammlung von mehr als 10.000 Kostümen, Accessoires und Textilien vom 18. Jh. bis heute, darunter viele Theater- und Filmkostüme.

› https://fashiondistrict.org, Anfahrt: Metro Rail – A und E Line „Pico“

Exposition Park

Südlich an den Campus der **University of Southern California (USC)** schließt der **Exposition Park** an. 1913 zur Weltausstellung entstanden, wurden anlässlich der Olympischen Sommerspiele 1932 und 1984 mehrere Sportstätten hinzugefügt. Erhalten ist das **Los Angeles Memorial Coliseum** (www.coliseumforever.com), die 92.000 Plätze fassende Hauptarena der Spiele von 1932 und 1984. Heute trägt hier das beliebte College-Football-Team der USC (Trojans) seine Heimspiele aus, außerdem sprach hier schon Dr. Martin Luther King Jr., zwei Super Bowls und große Konzerte von den Rolling Stones, Prince, U2 oder Metallica fanden statt. An der Stelle der alten Sporthalle wurde das **Bank of Montreal (BMO) Stadium**, Heimat des Fußballvereins Los Angeles FC mit 22.000 Plätzen, erbaut.

Im Zentrum des Parks lädt ein **Rosengarten** mit etwa 17.000 Pflanzen von 750 Sorten zur Pause ein. Hauptgrund für einen Besuch des Parks sind jedoch **zwei ungewöhnliche Museen:** das Natural History Museum 14 und das California ScienCenter 15.

Eine Großbaustelle im Exposition Park soll 2025 vollendet werden: Dann ist die Eröffnung des **Lucas Museum of Narrative Art** (https://lucasmuseum.org) geplant, eines großen modernen Gebäudes mit Ausstellungen, Theatern, Freiflächen etc.

› Anfahrt: Metro Rail – E Line bis „Expo Park/USC“, Parken $ 15

14 Natural History Museum of LA County (NHM) ★★★ [dh]

Das „NHM“ wurde 2013 hundert Jahre alt. Es ist eines der größten Naturkundemuseen der USA und bietet für Jung und Alt interessante Abteilungen, für die man genügend Zeit einplanen sollte.

Beim NHM handelt es sich um das erste öffentliche Museum Kaliforniens. Zu ihm gehörte ursprünglich auch das Los Angeles County Museum of Art 24. Um das Museum, zu dessen Bestand 16 Mio. Ausstellungsstücke gehören, attraktiver zu gestalten, wurde der repräsentative klassizistische Bau im

Mein Tipp

Watts Towers und Leimert Park

Tief in der South Side bilden die 30 m hohen Watts Towers ein bizarres **Folk-Art-Monument,** in das der Künstler **Simon Rodia** (geboren 1879 in Italien) 33 Jahre Arbeit ohne jegliche technischen Hilfsmittel gesteckt hat. Die Türme – der höchste ist 30 m hoch – sind ein Sammelsurium von Stahldrähten, Flaschen, Geschirr, Keramikfliesen, Bettenstahlfedern und Zehntausenden von Muscheln und bilden ein skurriles Kunstwerk aus 17 verbundenen Einzelteilen, die von Weitem wie Gaudís Sagrada Familia in Barcelona wirken.

★**11** [di] **Watts Towers & Arts Center,** 1761–1765 E. 107th/Graham Ave., www.wattstowers.us, zu aktuellen Öffnungs- und Tourzeiten s. Webseite, $ 7. Ausstellungen im Arts Center. Anfahrt: Metro Rail – A Line bis „103rd St."

Westlich vom Exposition Park liegt das „Black Greenwich Village", eine 1928 modellhaft geplante Gemeinde für schwarze Geschäftsleute. **Leimert Park/ Baldwin Hill** ist bekannt für Musik und Poetry sowie Afro-Caribbean-Küche, z. B. bei Ackee Bamboo (s. S. 69). In diesem Viertel wohnten einst auch Ella Fitzgerald und Ray Charles.

Im Zentrum liegt der **Leimert Plaza Park,** beliebt als Treff, aber auch für Proteste, Feiern und Festivals wie den Art Walk am letzten So. jeden Monats oder das Jazz Festival Ende August. Das **Vision Theatre** von 1932 ist ein Art-déco-Juwel, das derzeit noch renoviert wird, in **The World Stage** (www.theworldstage.org), einem Kunst- und Kulturzentrum mit Bühne, sind Veranstaltungen, Workshops, Literatur, Kunst und Musik zu Hause.

› Anreise: Metro K Line

Beaux-Art-Stil, der von der Weltausstellung 1913 übrig geblieben ist, zum 100. Geburtstag umfassend renoviert.

Um die elegante **Rotunde** an der Ostflanke mit einer Statue der drei Musen im Zentrum entstanden neue Ausstellungsbereiche. Der modern und mit viel Hightech gestaltete Bereich **„Age of Mammals"** gibt einen Überblick über die Entwicklung der Säugetiere von der Frühzeit bis hin zum Menschen. Mittels Fossilien, Rekonstruktionen und interaktiven Medien werden der Simi Valley Mastodon, die Säbelzahnkatze oder der Wolf zu neuem Leben erweckt. Die **„Dinosaur Hall"** ist eine der größten Dino-Ausstellungen der Welt und in **„Becoming Los Angeles"** wird ein Überblick über die Entstehung der Stadt bis zur Moderne gegeben. Auch ein Teil des Exposition Park wurde als **„Urban Wilderness Garden"** einbezogen: Hier geht es um das Ökosystem der Region.

Zu den Highlights des Museums gehört z. B. **„Dinosaur Encounters",** wo ein nachgebauter Dinosaurier durch Animation zum Leben erweckt wird. Ebenfalls einzigartig ist die umfangreiche **Gold- und Mineralienausstellung,** die u. a. einen der insgesamt nur drei existierenden roten Diamanten der Welt zeigt.

Derzeit wird an **NHM Commons** gebaut, einem neuen Flügel, der 2024 als Treffpunkt für Besucher und zur ersten Orientierung dienen soll.

Im Freien, vor dem Museum wurden die mehrteiligen **Nature Gardens** mit einem „Nature Lab" für Kinder angelegt. Besonders sehenswert sind die Butterfly & Spider Pavilions.

› 900 Exposition Blvd., www.nhm.org, tgl. 9.30–17 Uhr, $ 15, Butterfly Pavilion und Dinosaur Encounters kosten extra ($ 8), Parken $ 15 (NHM Car Park, Bill Robertson Lane)

15 California ScienCenter ★★★ [dh]

Mit bis zu zwei Millionen Besuchern ist das California ScienCenter nicht nur eine der Hauptattraktionen von L.A., sondern von ganz Kalifornien. Abgesehen von den abwechslungsreich multimedial gestalteten Abteilungen steht hier auch das größte IMAX-Kino Kaliforniens.

Einen Steinwurf vom NHM 14 entfernt, fällt der moderne Komplex des **California ScienCenter** ins Auge. Zahllose interaktive Exponate und Ausstellungen beschäftigen sich mit Themen rund um Wissenschaft und Natur, Ökologie, Biologie, Medizin und Raumfahrt; Highlight ist das **Raumschiff Endeavour** im Samuel Oschin Pavilion, Teil der „Air & Space"-Abteilung des Museums. Für das Raumschiff wurde ein eigener Hangar gebaut, um das Space Shuttle und seine Geschichte gebührend zu würdigen.

Zu den besonders gelungenen Teilen gehört **„Ecosystems":** Es geht um die Ökosysteme der Welt, ihre Bedeutung und ihren Schutz.

Die Abteilungen **„Creative World"** – hier geht es um Kommunikation, Fortbewegung und Architektur – und **„World of Life"** – die Themen sind Körperfunktionen und Verhalten, Gene und Energie – sind sehr „hands-on"-orientiert.

› 700 Exposition Park Dr., tgl. 10–17 Uhr, https://californiasciencecenter.org, Eintritt frei, kostenpflichtig sind IMAX-Filme (wechselnd) und das Parken ($ 15)

080la Abb.: mb

Der Walk of Fame mit seinen bronzegefassten Sternen ist die Hauptattraktion von Hollywood

Hollywood

Es ist der mythische Ruf Hollywoods, der die meisten Besucher nach L.A. lockt. Der Stadtteil im Westen steht für Showbiz und Oscars, Filmstudios und Walk of Fame, Stars und kuriose Attraktionen. Doch Hollywood ist mehr, ist „Hollyweird" – das Viertel der schrägen Typen, Aussteiger und selbsternannten Sternchen.

Ein riesiger Schriftzug hoch über der Stadt, am Westabhang der Santa Monica Mountains mitten im Griffith Park, kündigt das berühmteste Stadtviertel von L.A. großspurig an: **„H-O-L-L-Y-W-O-O-D".** Der Name leitet sich von „holly", der Stechpalme ab, allerdings ohne dass hier allzu viel Ilex gewachsen wären. Vielmehr hatte **Harvey Henderson Wilcox**, Immobilienmakler aus Chicago, 1886 für $ 24.000 Land am späteren Hollywood Boulevard, Ecke Cahuenga Ave., gekauft und ein Haus daraufgestellt, das von seiner Frau Daeida wegen des Gestrüpps im Garten „Hollywood" getauft wurde.

Eine Gruppe berühmter Investoren, die mit Immobilien Geld machen wollte, versuchte dann 1923 auf ungewöhnliche Weise, Siedler anzulocken: Ein **weithin sichtbarer Schriftzug** auf der 460 m hohen Hügelkette über dem Beachwood Canyon sollte auf den Ort und die zur Verfügung stehenden Grundstücke aufmerksam machen. Ein erfolgreicher **Werbeschachzug**, denn seither kann der Stadtteil westlich von Downtown auf eine erstaunliche Karriere zurückblicken: Aus einem kleinen verschlafenen Bauerndorf entwickelte sich das heute von unzähligen Touristen aus aller Welt heimgesuchte „Tinseltown", die „Lamettastadt".

Anfang des 20. Jh. hatten die ersten **Filmregisseure und Produzenten** von der Ostküste die klimatischen Vorteile Kaliforniens, die z. B. ganzjährige Außendrehs ermöglichen, für ihr expandierendes Gewerbe erkannt. Obwohl viele Studios längst in die Vorstädte abgewandert sind und man auch Stars und Sternchen hier nicht häufig in der Öffentlichkeit sieht, sind immer noch gut 120.000 Menschen in diesem Wirtschaftszweig beschäftigt und Hollywood genießt ungebrochene Anziehungskraft.

Noch vor einigen Jahren war ein Bummel auf dem **Hollywood Boulevard** eine Enttäuschung, doch Verschönerungsmaßnahmen brachten einen enormen Wandel. Neubauten und Renovierungen haben das Zentrum sauberer und attraktiver gemacht und die historischen Bauten, v. a. Theater und Kinos, wurden auf Hochglanz poliert. Der Shopping- und Unterhaltungskomplex **Ovation Hollywood** ⑰, in dessen **Dolby Theatre** (s. S. 77) seit 2002 die Oscars verliehen werden, sorgte zusätzlich für Attraktivität.

⑯ Walk of Fame ★★★ [h2]

Hauptanziehungspunkt Hollywoods ist der Hollywood Boulevard, die Hauptschlagader des gleichnamigen Stadtteils, mit seinem legendären, etwa 2,5 km langen Walk of Fame, auf dem sich Persönlichkeiten aus dem Showgeschäft verewigt haben.

Der Hollywood Boulevard ist **mit Sternen gepflastert**, genauer, mit sternförmigen, bronzegefassten pinkfarbenen **Terrazzoplatten mit Bronzeinschrift.** Der Walk of Fame zwischen La Brea und Gower sowie auf der Vine Street wurde 1958 ins Leben gerufen. Sein westliches Ende an der Ecke Hollywood Blvd./La Brea Ave. markiert ein silberglänzender **Gazebo** (Pavillon) mit einer bekrönenden Spirale, die die Aufschrift „Hollywood" trägt und von vier lebensgroßen „Gottheiten" getragen wird: Verkörpert sind die Schauspielerinnen **Mae West, Dolores Del Rio, Dorothy Dandridge** und **Anna May Wong.**

Beginnend mit **Joanne Woodward** (1960) wurden mittlerweile **über 2700 Berühmtheiten** aus der Unterhaltungsindustrie, lebende und verstorbene, eingeteilt in die Kategorien „Motion Pictures" (Film), „TV", „Recording" (Musik), „Radio" und „Theater" und jeweils mit den entsprechenden Symbolen versehen, hier verewigt. Es sind nicht aber nur Stars, sondern auch Erfinder **Thomas Edison, Donald Duck** und drei Hunde – **Lassie, Rin Tin Tin** und **Strongheart** – vertreten. Andererseits haben z. B. Robert Redford, Mel Gibson, Jane Fonda und Clint Eastwood bisher **noch keinen Stern** erhalten. Ein etwas mysteriöses **Komitee**, bei dem das Hollywood Chamber of Commerce mitmischt, entscheidet einmal jährlich über Nominierungen und wählt rund 20 Vor-

H-O-L-L-Y-W-O-O-D

Eine Gruppe cleverer Investoren, darunter **Harry Chandler**, der Herausgeber der L.A. Times, wollte in den frühen 1920er-Jahren in den Hollywood Hills Land verkaufen, und dies zu Zeiten, als dort die Besiedelung noch sehr dünn war. Man ließ zu **Werbezwecken** einen Schriftzug anfertigen, der ungefähr 15 m hoch, 137 m breit und von 4000 Glühbirnen erleuchtet war: **„HOLLYWOODLAND"** wurde am 13. Juli 1923 enthüllt und sollte ursprünglich nur für 18 Monate an Ort und Stelle bleiben. Ein deutscher Einwanderer namens Albert Kothe war übrigens als Hausmeister der Firma für das oft abenteuerliche Auswechseln der Glühbirnen zuständig.

1932 geriet der Schriftzug in die Nachrichten, als sich die 24-jährige britische Schauspielerin **Peg Entwistle** vom „H" hinab in den Tod stürzte. Ab den 1930er-Jahren begannen **Vandalismus** und Verfall. 1944 gelangte das Schild in den Besitz der Stadt Los Angeles, doch der Zustand wurde nicht besser. 1949 fiel das „H" um und wenig später wurde „LAND" entfernt. Die anderen Buchstaben wurden renoviert, allerdings entfernte man die Glühbirnen. Bis 1973 geschah nicht viel. 1973 wurde der Schriftzug zum Historischen Kulturdenkmal erklärt.

1978 war das Schild dermaßen heruntergekommen, dass das Hollywood Chamber of Commerce eine **„Save the Sign"-Aktion** ins Leben rief und innerhalb von 32 Tagen eine Viertelmillion Dollar sammelte. Playboy-Gründer **Hugh Hefner** veranstaltete eine Spendengala, bei der er „Paten" für einzelne Buchstaben anwarb. Dabei übernahm **Gene Autry** das zweite L, **Andy Williams** das W und Rocker **Alice Cooper** das mittlere O. 1978 wurde das alte Schild abgenommen und für $ 10.000 an einen Nachtclubbesitzer verkauft. Drei Monate später standen dann die neuen 13,7 m hohen Buchstaben, jeweils um die 10 m breit, von Laserstrahlen und Scheinwerfern beleuchtet.

Im November 2005 war die erste **Generalüberholung** fällig: ein Neuanstrich in „Hollywood White". Unterdessen war auch der Originalschriftzug auf eBay verkauft worden und hatte sensationelle $ 450.400 eingebracht.

Heute ist das Areal um das Hollywood Sign (Teil des Griffith Park) nicht mehr für die Öffentlichkeit zugänglich. Gute Sicht darauf hat man aber vom Griffith Observatory (38), von Ovation Hollywood (17) oder von einem der Trails im Griffith Park. Bikes & Hikes (s. S. 120) bietet Touren dorthin an.

› www.hollywoodsign.org/100-years, www.hollywoodsign.org/hiking

094la Abb.: LATourism©Dylan Schwartz

geschlagene aus, die dann eine beträchtliche Dollarsumme zahlen, um auf dem Fußweg verewigt zu sein. Ewiger Ruhm hat eben seinen Preis!

Marylin Monroe (1644 Hollywood Blvd.) gehört zu den meist besuchten „Stars", von ihr steht vor dem Hollywood Museum 19 zudem seit 2006 eine Statue von Dominico Neri. Aber auch **James Dean** (1719 Vine St.), **John Lennon** (1750 Vine St.) oder **Elvis** (6777 Hollywood Blvd.) sind stets umlagert. Einige Persönlichkeiten haben es sogar auf mehrere Sterne gebracht: **Bing Crosby** hat drei und der Schauspieler, singende Cowboy und einstige Baseballteam-Besitzer (Angels) **Gene Autry** sogar fünf.

› Ausgangspunkt: Hollywood Blvd./Ecke Highland Ave., Anfahrt: Metro Rail – B Line bis „Hollywood/Highland"
› Mehr Infos: https://walkoffame.com, www.seeing-stars.com/immortalized/walkoffame.shtml

17 Ovation Hollywood ★ [h2]

Ausgangspunkt für einen Rundgang und zugleich Herz von Hollywood ist der Entertainment- und Shopping-Komplex Ovation Hollywood an der Straßenkreuzung und Metrostation „Hollywood & Highland". Der 2001 eröffnete Multifunktionskomplex, der $567 Mio. verschlang, verfügt über Kinos, Ausstellungsflächen und Nachtclubs, Restaurants und Shops wie Baly's, Forever 21, Victoria's Secret, Footlocker, aber auch Walgreens, dazu über ein Hollywood Visitor Information Center sowie das Loews Hollywood Hotel. Von der Terrasse aus bietet sich ein ausgezeichneter Blick auf die Santa Monica Mountains und das **Hollywood Sign** (s. S. 27).

Optisch wenig auffällig, stellt das **Dolby Theatre** (s. S. 77), ehemals Kodak Theatre, die Hauptattraktion des Centers dar. Hier werden von der Academy of Motion Picture Arts & Sciences jeden Februar die Film-Oscars vergeben (www.oscars.org/oscars). Außerdem finden zahlreiche andere Events und täglich Theater-Touren (https://dolbytheatre.com/tours/tour-information) statt.

Schräg gegenüber befindet sich der Vorgänger: Im legendären **Hollywood Roosevelt Hotel** (s. S. 123) fand im Jahre 1929 die erste Oscar-Verleihung statt. Eine kleine Ausstellung im Mezzanin (Zwischengeschoss) erinnert an jene Tage.

› 6801 Hollywood Blvd., tgl. 10–22 Uhr, www.ovationhollywood.com, Anfahrt: Metro Rail – B Line bis „Hollywood/Highland"

18 TCL (Grauman's) Chinese Theatre ★★ [h2]

Sid Grauman (1879–1950) war ein gewiefter Geschäftsmann und Besitzer der ersten Großkinos in L.A. Ehe er nach Hollywood kam, verdingte er sich als Goldsucher in Klondike. Zum Unternehmer aufgestiegen, pflegte er später gute Kontakte zu vielen Hollywoodstars und wurde v. a. wegen drei legendärer Kinopaläste in L.A. – neben dem Chinese Theatre das Million Dollar Theatre (307 S Broadway) von 1918 und das Egyptian Theatre 20 von 1922 – berühmt.

Das 1927 eröffnete **Grauman's Chinese Theatre** fesselte die Besucher nicht nur wegen der gezeigten Filme, sondern v. a. auch wegen der **exotischen Architektur.** Im Stil einer

1927 erbaut und im Inneren topmodern: das Chinese Theatre

chinesischen Pagode und unter Verwendung vieler Originalteile aus China erbaut, beliefen sich die Baukosten für das Kino, das 2200 Zuschauer fasste und dazu für Wurlitzer-Orgel, ein Orchester und Bühne Platz hatte, auf stolze $ 2 Mio. Damals wurde auf ein vielseitiges Unterhaltungsprogramm mit Musik und Tanz zusätzlich zu den Filmen Wert gelegt.

Grauman führte außerdem auf dem Vorplatz vor dem prächtigen Portal eine neue Tradition ein: Die Stars der gezeigten Premierenfilme mussten sich in frisch verlegten Betonplatten mit **Fuß- und Handabdruck** sowie Unterschrift und Datum verewigen. Inzwischen sind es um die 200 Platten, die sich neben den Sternen auf dem Walk of Fame zur Hauptattraktion gemausert haben. Grauman erhielt für seine Verdienste selbst einen Stern auf dem Walk of Fame (6379 Hollywood Blvd.).

2013 wurde Grauman's als TCL Chinese Theatre (IMAX-Kino) neu eröffnet, 2017 kam ein MX4D-Kino hinzu.

› 6925 Hollywood Blvd., www.tclchinesetheatres.com, Anfahrt: Metro Rail – B Line bis „Hollywood/Highland"

⑲ Hollywood Museum ★★ [h2]

Ende 2001 eröffnete im historischen **Max Factor Building** von 1914 das Hollywood Museum. Der Bau war 1928 von der Kosmetikfirma Max Factor bezogen worden, die 1909 von dem polnisch-jüdischen Immigranten Maximilian Faktorowicz gegründet worden war (heute Procter & Gamble). Factor wurde als „Kosmetik-Pionier" berühmt, arbeitete schon früh mit Hollywoodstars zusammen und nutzte sie, indem er ihnen teure Produkte zur Verfügung stellte, als Werbepartner.

Das etwas verschachtelt wirkende **Museum** besteht aus vier großen Abteilungen: Im Mittelpunkt stehen auf zwei Etagen die Unterhaltungsindustrie und ihre bekanntesten Filme. Zudem erfährt der Besucher mehr über Max Factor, es gibt eine umfangreiche Autogramm- und Fotosammlung und im Untergeschoss eine etwas kuriose Ausstellung zu Horrorfilmen. Filmausschnitte und vielerlei Relikte – Kostüme, Kulissen, Fotos, Poster, Manuskripte und Auszeichnungen – aus diversen Filmen und aus dem Besitz zahlreicher Stars machen das Museum zum **Muss für Filmfreunde**.

126la Abb.: LATourism

Angeschlossen sind eine Bibliothek, ein Filmraum und ein Shop sowie eine Filiale der 1947 gegründeten Kette Mel's Drive-In (mit The Celebrity Bar, s. S. 71).

› 1660 N Highland Ave., Mi.–So. 10–17 Uhr, $ 15, https://thehollywoodmuseum.com, Anfahrt: Metro Rail – B Line bis „Hollywood/Highland"

20 (Grauman's) Egyptian Theatre ★ [h2]

Am Hollywood Boulevard sind mehrere weitere alte Kinopaläste erhalten, z. B. das **El Capitan Theatre** (6838 Hollywood Blvd.), das 1926 als Konzert- und Showbühne eröffnet worden war und 1941 bei der Premiere von „Citizen Kane" erstmals als Kino genutzt wurde.

Zweites Highlight ist das aufwendig gestaltete, etwas kitschig wirkende **Egyptian Theatre.** Es war der erste große Filmpalast in Hollywood und wurde im ägyptisierenden Stil errichtet, der damals en vogue war. 1922 wurde das Theater mit dem Monumentalstreifen „Robin Hood", mit Douglas Fairbanks in der Hauptrolle, eröffnet. Ein Ticket kostete $ 5.

Besitzer Sid Grauman hatte kurz zuvor mit dem ersten Filmtheater in den USA, dem **Million Dollar Theatre** am Broadway in Downtown, die Basis für sein Kino-Imperium gelegt. Vor der Säulenfront des prächtigen Egyptian Theatre wurde auf seine Idee hin erstmals bei Premieren ein roter Teppich ausgerollt, über den die jeweiligen Filmstars zur Vorführung schritten.

Mit dem Niedergang der Filmindustrie geriet auch das pompöse Kino in den 1970er-Jahren in Vergessenheit und der Abriss drohte. Engagierte Angelenos konnten das Juwel jedoch retten und der Bau wurde 1998 teilweise renoviert.

Heute ist das Egyptian Theatre Sitz der American Cinematheque, es werden wieder Filmklassiker gezeigt und regelmäßig finden Filmfestivals statt.

› 6712 Hollywood Blvd., Tickets $ 11, Tour $ 5 extra, www.americancinematheque.com/about/theatres/egyptian-theatre, **wegen Renovierung geschlossen (Wiedereröffnung Ende 2023),** Anfahrt: Metro Rail – Red Line bis „Hollywood/Highland"

21 Hollyhock House ★ [dg]

Zwischen 1919 und 1921 realisierte der Architekt **Frank Lloyd Wright** sein erstes Projekt an der Westküste. Er war in seiner Heimatstadt Chicago für eine erstmals eigenständige amerikanische Wohnarchitektur bekannt geworden und galt als Begründer des Prairie Style.

Etwas ungewöhnlich, aber passend für Hollywood, ist das Hollyhock House. Es wurde für die Ölerbin Aline Barnsdall im Stil eines alten **Mayatempels** inmitten eines großen Parks geplant. Mittlerweile steht es unter Denkmalschutz, kann aber wie der Barnsdall Park ringsum mit seinen rund 1000 Olivenbäumen besucht werden.

› 4800 Hollywood Blvd., Touren Do.–So. 11–16 Uhr, https://hollyhockhouse.org, $ 7, Anfahrt: Metro Rail – B Line bis „Vermont/Sunset"

22 Hollywood Forever Cemetery ★ [j4]

1899 war der Hollywood Memorial Park Cemetery als Friedhof der damals noch kleinen Ortschaft angelegt worden. Die **Paramount Studios** (s. S. 32) entstanden wenig später

029la Abb.: mb

im hinteren Teil, wo das heute letzte erhaltene klassische Hollywoodstudio noch immer steht. Allein schon dieser Umstand machte den Friedhof zur bevorzugten **Ruhestätte vieler Schauspieler, Drehbuchschreiber, Produzenten** und **Showstars** und noch heute finden sich z. B. am 23. August Filmfreunde am Grab von Rudolph Valentino ein oder schmücken die Gräber von Jayne Mansfield oder Douglas Fairbanks. Für Besucher ist der Friedhof mit kleinem See, Pfauen und Schwänen, ausgefallener Grabarchitektur und schön angelegten Grünflächen ein Idyll.

› 6000 Santa Monica Blvd., tgl. 8.30–17 Uhr, mit Kulturprogramm, https://hollywoodforever.com, Anfahrt: Bus 4 bis „Santa Monica/Van Ness", Befahren mit Pkw möglich

Die Universal Studios sind mehr als nur ein Drehort: Es gibt ein Einkaufsareal, einen Vergnügungspark und Touren über das Gelände.

23 Universal Studios Hollywood ★★★ [cf]

Die Universal Studios sind mit die bekanntesten Filmstudios weltweit. Seit das Filmgelände 1964 öffentlich zugänglich gemacht wurde, hat sich viel verändert: Seitner handelt es sich um eine Art Vergnügungspark mit vielerlei Fahrgeschäften und Aktivitäten, Shops und Shows.

Die Universal Studios gelten als weltgrößtes Film- und TV-Studio, in dem bislang über 8000 Filme gedreht wurden. Zur Besucherattraktion wurde es ab 1964, als man öffentliche Touren über das Gelände anbot und ringsum ein riesiger Vergnügungspark entstand, von dem es mittlerweile zwei Ableger in Orlando/Florida und Osaka/Japan gibt, die insgesamt über 25 Mio. Besucher jährlich anlocken.

1912 hatte der Schwabe Carl Laemmle die Studios, die damit zu den ältesten in den USA gehören, gegründet. Bereits in der Anfangszeit

MEIN TIPP

Weitere Studiotouren

Die Universal Studios liegen genau genommen schon im **San Fernando Valley.** „The Valley" mit Orten wie Burbank, Glendale, San Fernando oder Chatsworth macht seit den 1960er-Jahren einen enormen Wandel vom Agrarland zum „Schlafzimmer" von L.A. durch. Heute leben in dem 40 mal 16 km großen Tal etwa 1,8 Mio. Einwohner und die Region hat sich zum Zentrum der Film- und TV-Industrie entwickelt. Die meisten Studios befinden sich in **Burbank** (Disney, NBC, Warner Bros. bzw. Universal) – der Rest ist über L.A. verstreut, z. B. in Century City (20th Century Fox) oder Culver City (Sony Pictures Studios). Nicht alle sind für die Öffentlichkeit zugänglich, bei manchen ist Anmeldung zu Touren nötig.

★12 [bh] **Sony Pictures Studio Tour,** 10000 W Washington Blvd., Culver City, www.sonypicturesstudiostours.com, Mo.–Fr. 9.30/10.30/13.30/14.30 Uhr zweistündige Touren ab Sony Pictures Plaza, $ 50.

★13 [j4] **The Studios at Paramount,** 5555 Melrose Ave., Hollywood, www.paramountstudiotour.com. Zweistündige Studiotouren tgl. halbstündlich 9.30–15.30 Uhr, $ 63, auch längere VIP-Touren, Reservierung online

★14 [cf] **Warner Bros,** 3400 Riverside Dr., Burbank, www.wbstudiotour.com, tgl. 8.15–15.30 Uhr, verschiedene Touren ab $ 70 (Online-Voranmeldung). Parken an Gate 5, 3400 Warner Blvd./Avon St.

Tipp: Unter www.discoverlosangeles.com/search?text=studio+tours kann man sich vorab einen Überblick verschaffen.

wurden Touren veranstaltet, um Filmfreunde an sich und die hier gedrehten Filme zu binden. Bekannt wurde Universal z. B. für Streifen von Steven Spielberg und Alfred Hitchcock, für „Men in Black", „Shrek", „Der Weiße Hai" und „Earthquake: The Big One".

Heute sind die Studiotouren eher zweitrangig, der dreiteilige Komplex hat weit mehr zu bieten: Den riesigen Parkhäusern am nächsten gelegen ist der **Universal CityWalk,** ein gratis zugänglicher Entertainment- und Shoppingkomplex bestehend aus etwa 20 Läden, Kinos (auch IMAX), rund 30 Lokalen, Bars und Nightspots.

Vorbei am markanten **Universal Studios Globe,** einer silbernen Weltkugel mit Schriftzug und Brunnen, geht es zu den Ticketständen und zum Eingang in den **Vergnügungspark** mit einzelnen Themenkomplexen, Achterbahnen u. a. Fahrgeschäften, Shows und Vorführungen, Läden und Lokalen. Zu den Attraktionen – teils Themenareale, teils Fahrgeschäfte – zählen „Revenge of the Mummy", „Despicable Me Minion Mayhem", „Jurassic World", „The Wizarding World of Harry Potter", „Dinoplay", „Kung Fu Panda" u. a. Die neueste Ergänzung ist die „Super Nintendo World" mit „Mario Kart: Bowser's Challenge" und anderen interaktiven Bereichen.

Im hinteren Geländeteil, an den langen Warteschlangen vor dem „Trambahnhof" zu erkennen, starten die **Studiotouren.** Es ist empfehlenswert, diese an den Anfang der Besichtigung zu stellen. Die rund 45-minütigen **Rundfahrten** über das Filmgelände finden in offenen Trams auf Rädern statt (kein Aussteigen möglich), wobei auf kleinen Monitoren passende Filmausschnitte gezeigt werden. Es geht vorbei an Filmkulissen, *soundstages* und *movie sets,* man passiert aktive lagerhallenartige Studios und wird mit Spezialeffekten und Stuntmanshows wie einem Erdbeben der Stärke 8,3, einer Springflut in einem mexikanischen Dorf, einem Sturm oder einer einstürzenden Brücke in Staunen versetzt. Auch der „Der weiße Hai“ oder „King Kong“ geben sich die Ehre, das Wrack eines Flugzeugs stammt aus Spielbergs „Krieg der Welten“ und ein Set aus Jordan Peeles Horrorfilm „NOPE“ ist ebenfalls zu sehen.

Auf dem Weg von oder zu den Studios fällt der Blick auf die riesige Anlage der **Hollywood Bowl** (s. S. 77), einer Freiluftarena, in der von Juli bis September Konzerte unterschiedlichster Art stattfinden. Das zugehörige kleine **Museum** (2301 N Highland Ave., Di.–Fr. 10–17 Uhr, im Sommer länger, frei) befasst sich mit der Geschichte der Filmindustrie, der berühmten Open-Air-Bühne und mit großen Stars und Konzerten.

› 100 Universal City Plaza, Öffnungszeiten variieren, meist tgl. mind. 9–19 Uhr, www.universalstudioshollywood.com, ab $ 109, Universal Express (ohne Wartezeiten) ab $ 199, CityWalk kostenlos, Parkgebühr $ 40. Anfahrt: Metro Rail – B Line bis „Universal City“.

Als Schwesterstadt von Berlin hat Los Angeles ein großes Stück Berliner Mauer (s. S. 34) vorzuweisen

Westside

Westside, die Stadtviertel und Nobelorte westlich von Downtown und Hollywood, zeigen die „feine“ Seite von L.A. Hier liegen, vielfach abgeschirmt hinter Mauern und Hecken, gut bewacht und gesichert, Orte und Straßen, die weltweit besonderen Ruf haben: Rodeo Drive und Beverly Hills, Bel Air und Sunset Strip. Darüberhinaus ist hier eine ganze Reihe ungewöhnlicher Museen zu finden: beispielsweise das Getty Center, die Getty Villa und ein Konglomerat an Museen um das LACMA.

Die Städte westlich von L.A. – West Hollywood, Beverly Hills, Bel Air oder Westwood – bilden die „Westside“, wobei Teile von Hollywood und Century City häufig ebenfalls dazugezählt werden. Einst war **West Hollywood** wie Hollywood nur ein Stadtteil von L.A., seit 1984 aber ist West Hollywood eine selbstständige Stadt zwischen Hollywood und Beverly Hills.

Hauptachse der Westside ist der legendäre **Sunset Boulevard** mit seinem berühmten Teilabschnitt, dem **Sunset Strip**. Weitere wichtige Straßen sind **Santa Monica** und **Wilshire Boulevard** [a7–g7]. Letzterer wird auch „Miracle Mile“ genannt. Hip und trendy mit schicken Läden und Cafés präsentiert sich **Melrose West**, ein Abschnitt der

030la Abb.: mb

Melrose Avenue zwischen West Hollywood und Beverly Hills.

Wilbur Cook, der 1907 das heutige **Beverly Hills** erwarb, würde staunen: Wo zu Anfang keiner wohnen wollte, befinden sich heute die teuersten Immobilien von L.A. Begonnen hatte der Boom in den 1920er-Jahren, als Douglas Fairbanks am Summit Drive für $ 35.000 eine Liebeslaube für sich und Mary Pickford bauen ließ. Es folgten Stars wie Charlie Caplin, Will Rogers oder Gloria Swanson und seither will jeder, der Rang und Namen hat, hier leben und auf dem **Rodeo Drive** einkaufen. Noch abgeschotteter leben die Reichen in **Bel Air**, einem sich im Westen anschließenden Nobelvorort.

24 LACMA (Los Angeles County Museum of Art) ★★★ [f7]

Das Los Angeles County Museum of Art gehört zu den herausragenden Kunstmuseen der Westküste und gilt als „Metropolitan Museum of the West Coast". Der mehrteilige Komplex ist schon wegen der Architektur sehr sehenswert, die Sammlungen geben dazu einen guten Überblick über die Kunst- und Kulturgeschichte der Welt.

Mid Wilshire heißt das südlich Hollywoods gelegene Viertel, das vom Wilshire Blvd. durchschnitten wird. Lohnend ist dieser Teil der Stadt besonders wegen seiner Dichte an sehenswerten Museen, die den Spitznamen **Museums Row** hervorgebracht hat. Das herausragendste ist das LACMA, das Los Angeles County Museum of Art, in dessen Umgebung Food Trucks (s. S. 70) Speisen anbieten.

Über die zentrale Plaza mit dem Kunstwerk **„Urban Lights"** und die Main Plaza erreicht man vom Wilshire Blvd. aus den aus mehreren Gebäuden bestehenden Komplex mit einer hochkarätigen Sammlung von Malerei, Skulpturen, Textilien und dekorativer Kunst von der Prähistorie bis heute.

Linker Hand stehen moderne Bauten vom Reißbrett des Architekten Renzo Piano: das **Broad Contemporary Art Museum/BCAM** für zeitgenössische Kunst auf der einen Seite, der **Resnick Pavilion** für Wechselausstellungen auf der anderen. Auf dem North Lawn fällt die 140 m lange Spalt-Skulptur „Levitated Mass" von Michael Heizer ins Auge, über die ein 340 t schwerer Megalith aus Granit platziert wurde.

Das **BCAM** ist nicht nur wegen der zeitgenössischen Installationen, z. B. einer von Richard Serra, einen Besuch Wert, man hat von der Freitreppe zugleich einen guten Ausblick auf die Stadt, mit dem Hollywood Sign im Hintergrund. Alternativ kann man einen der größten Aufzüge der Welt – in den sogar ein kleiner Museumsladen eingebaut werden soll – nutzen.

Auf der östlichen Seite des Geländes wird noch bis mindestens Ende 2023 gebaut. Hier entsteht ein neues Gebäude für die Dauerausstellung, die **David Geffen Galeries.** Der Entwurf für den flachen, langgestreckten, geschwungenen Bau mit Glasfassade, Skulpturengarten und Plazas stammt vom Schweizer Architekturbüro Zumthor. Gleichzeitig soll eine neue Metrostation (D Line) eröffnen und das LACMA und die benachbarten Museen mit dem ÖPNV leichter zugänglich machen.

Gegenüber dem LACMA steht am Wilshire Boulevard das größte noch erhaltene Stück der **Berliner Mauer** – schließlich ist Berlin die Schwesterstadt von L.A. Im Westen des LACMA schließt sich das **Academy Museum of Motion Pictures** ㉕ an.

› 5905 Wilshire Blvd., www.lacma.org, Mo./Di./Do. 11–18 Uhr, Fr. 11–20 Uhr, Sa./So. 10–19 Uhr, derzeit Neugestaltung von Ausstellungen, $ 25. Empfehlenswerter Museumsladen, verschiedene Lokale, im Sommer diverse Freiluftveranstaltungen. Anfahrt: eigenes Parkhaus (Zufahrt: W 6th St.), ab 2024 Metro D Line.

㉕ Academy Museum of Motion Pictures ★★ [f7]

2021 eröffnete in einem ungewöhnlichem Gebäudekomplex dieses Museum, das sich mit den Oscars und allem, was mit Film zu tun hat, beschäftigt. Während sich die Ausstellungen vor allem im historischen **Saban Building** – einem Kaufhaus von 1939 – befinden, wurden in der sogenannten **„Sphere“**, einer „Kugel“ auf Stelzen von Renzo Piano, zwei Kinos – das David Geffen Theater (999 Plätze) und das Ted Mann Theater (288 Plätze) – untergebracht. Von der auch für Veranstaltungen genutzten Aussichtsterrasse mit Glaskuppel, der **Dolby Family Terrace,** bietet sich ein fantastischer Ausblick, u. a. auf die Hollywood Hills.

Die Dauerausstellung **„Stories of Cinema“** befasst sich auf drei Stockwerken mit der Geschichte des Filmemachens, mit Filmemachern und Filmen. **„Path to Cinema“** zeigt auf, wie sich das heutige Kinoerlebnis entwickelt hat: von Schattenspielen, Peepshows, Zoetropen und Praxinoskopen bis hin zum Filmprojektor. In der Abteilung **„Backdrop: An Invisible Art“** geht es am Beispiel von Mount Rushmore um die Kunst, „authentische“ Hintergründe zu schaffen. **„The Oscars® Experience“** zeigt schließlich in Ausstellungen und mit Videos Glitzer und Glamour rund um die Oscar-Nacht – dabei findet die Vergabe der begehrten Filmtrophäen auf der Bühne des Dolby Theatre in Ovation Hollywood ⑰ am Hollywood Blvd. und nicht im hauseigenen Theater statt. Wer selbst einmal einen Oscar erhalten möchte, hat hier die Chance dazu. Außerdem finden regelmäßig interessante Wechselausstellungen statt.

› 6067 Wilshire Blvd, www.academymuseum.org, So.–Do. 10–18, Fr./Sa. bis 20 Uhr, $ 25 (Vorreservierung nötig), Oscars Experience $ 15 extra, Filmvorführungen $ 10 (Matinée $ 5), mit Laden und Restaurant (www.fannysla.com, mit Sunday Supper), ab 2024: Metro D Line

108la Abb.: mb

⌃ *In einer Abteilung des Academy Museums geht es um Filmkostüme*

26 La Brea Tar Pits – George C. Page Museum ★ [f7]

Im Osten des LACMA 24 erinnern die La Brea Tar Pits im **Hancock Park** an die Entstehungsgeschichte der Erde. Die Ansammlung natürlichen Asphalts, auch „Erdpech" oder „Bergteer" genannt, in diesen ungewöhnlichen **„Teergruben"** zeugen von unterirdischen Teer-, Erdöl- und Erdgasvorkommen, die sich im Becken des Großraums von L.A. angesammelt haben. Hier am Lake Pit reichen diese Teergruben bis an die Oberfläche und gelegentlich verrät ein Blubbern, dass Methangas entweicht.

Die asphaltreichen Sedimente zählen zugleich zu den ergiebigsten Fundstellen von Fossilien aus dem Pleistozän, der letzten Eiszeit. Inzwischen hat man Fossilien von annähernd 400 Arten gefunden. Es wurde auch einen „Pleistozän-Garten" angelegt. Einen Einblick in die Zeit von Säbelzahntigern und Mammuts, aber auch in die Arbeit der Wissenschaftler bietet das zugehörige **George C. Page Museum**. Hier und auf der Website des Museums erfährt man auch mehr über die Ausgrabungen auf dem Areal **(Project 23)**: Bei der Neugestaltung des LACMA-Areals 24 auf dem Grund des ehemaligen mexikanischen Landsitzes **Rancho La Brea** fand man in 23 Proben aus 16 Teergruben unzählige Fossilien. Herausragend war dabei ein fast zu 80% erhaltenes Mammutskelett. Die Ausgrabungen dauern an.

› 5801 Wilshire Blvd., https://tarpits.org, tgl. 9.30–17 Uhr, $ 15 (Show und 3D-Theater extra), Anfahrt: Parkhaus des LACMA (Zufahrt W 6th St.), ab 2024 Metro D Line

MEIN TIPP

L.A. Farmers Market

Seit 1934 kommen die Angelenos zum **L.A. Farmers Market,** um frische Produkte aus dem Umland zu kaufen oder Spezialitäten zu genießen. Inzwischen sind Essensstände, Cafés und Bars im Vergleich zu regulären Marktständen fast in der Überzahl. Ein besonderer Tipp ist **Du-Par's.** Ein Besuch in dem seit 1938 geöffneten Lokal lohnt wegen der frischen Backwaren vor allem zum Frühstück oder Lunch. Die Speisen sind frisch zubereitet und preisgünstig (http://dupars.net, tgl. ab 6 bis mind. 19.30 Uhr). Im direkten Umfeld des Marktes gibt es weitere interessante Läden wie etwa den **Cost Plus World Market** (alles von Möbeln bis zu Wein und Haushaltswaren) und das Einkaufszentrum **The Grove** (s. S. 81).

15 [f6] **L.A. Farmers Market,** 6333 W 3rd St./Fairfax Ave., https://farmersmarketla.com, Mo.–Fr. 9–21, Sa. 9–20, So. 10–19 Uhr, Anfahrt: Parkplatz Fairfax Ave., Bus 16 bzw. 316 (Century City) bis „3rd/Fairfax"

27 Craft Contemporary ★ [f7]

Das Craft Contemporary ist zwar nur ein kleines, äußerlich wenig auffälliges Museum auf zwei Etagen, dafür werden hier aber jedes Jahr ungewöhnliche Wechselausstellungen zu abwechslungsreichen Themen gezeigt. Das **Kunsthandwerk** und sein aktueller Bezug zum **Alltagsleben bestimmter Kulturen** werden auf interessante Weise in Wechselausstellungen gezeigt. Im zugehörigen Shop wird passend zu den aktuellen Ausstellungen Kunsthandwerk aus aller Welt angeboten, außerdem gibt es ein Veranstaltungsprogramm.

› 5814 Wilshire Blvd., www.craftcontemporary.org, Di.–So. 11–17 Uhr, $ 9, Parken siehe LACMA oder Page Museum, ab 2024 Metro D Line

28 Petersen Automotive Museum ★★ [f7]

Gegenüber dem Academy Museum of Motion Pictures 25 bietet das **Petersen Automotive Museum** ein Kontrastprogramm und fällt schon architektonisch – roter Baukörper mit Metallbändern in Rennwagenform – auf. Das 1994 von Margie und Robert E. Petersen ins Leben gerufene und mit $ 30 Mio. unterstützte Museum informiert auf drei Ausstellungsebenen **über 150 rare Classic Cars** und **Motorräder.** Zudem geht es um die **Zukunft des Autoverkehrs** (u. a. E-Autos), es finden **Wechselausstellungen** statt, Filmautos werden gezeigt und die **Hot Wheels Hall of Fame** (Modellautos) ist hier beheimatet. Sehenswert ist besonders **The Vault,** wo über 250 Autos aller Epochen zu bestaunen sind.

› 6060 Wilshire Blvd., www.petersen.org, tgl. 10–17 Uhr (letzter Einlass 16.30 Uhr), $ 20, Vault $ 25 extra, eigenes Parkhaus (Gebühr $ 17), ab 2024 Metro D Line

29 Sunset Strip ★ [c3]

Die einen nennen diesen Abschnitt des Sunset Boulevard zwischen Crescent Heights Blvd. und dem Doheny Dr. die „langweiligste Flaniermeile der Welt", andere kennen ihn aus der TV-Serie „77 Sunset Strip" und schätzen ihn als Shoppingdestination. Auf alle Fälle handelt es sich um einen **Jahrmarkt der Eitelkeiten,** und das schon seit den 1950er-Jahren. Man kommt hierher und besucht Nobelrestaurants, edle Boutiquen und schicke Cafés, um zu sehen und gesehen zu werden. Lange war der Strip die Lebensader der Unterhaltungsindustrie, der Nacht- und Pornoclubs. Rauschende Partys fanden v. a. in den 1960er-/1970er-Jahren in Clubs wie Pandora's Box, The Roxy Theatre (s. S. 76), Whisky-A-Go-Go (8901 Sunset Blvd.) oder der Rainbow Bar (9015 Sunset Blvd.) statt, wo Jimi Hendrix, Bob Marley und Bruce Springsteen auftraten. Bekannt ist auch der Comedy Store (8433 Sunset Blvd.), in dem schon Jay Leno, Whoopi Goldberg oder David Letterman auf der Bühne standen.

Juwel im Petersen Museum: ein Packard mit Lalique-Adlerkopf

111la Abb.: mb

109la Abb.: mb

Im Zentrum des Strip steht der **Sunset Tower** (8358 Sunset Blvd.) von 1931, ehemals ein Art-déco-Apartmentkomplex, in dem Marilyn Monroe, Clark Gable, John Wayne oder Errol Flynn wohnten, heute ein Hotel. An seinem östlichen Ende befindet sich das nicht minder illustre **Chateau Marmont** (8221 Sunset Blvd.). Das Herz der Straße schlägt hier in West Hollywood an der **Sunset Plaza** (8600 Sunset Blvd.) mit kleinen Läden und beliebten Bistros.

› www.thesunsetstrip.com, Anfahrt: kostenpflichtige Parkplätze am/um den Sunset Blvd., Bus 2/302 (Sunset Plaza)

30 Beverly Hills mit Golden Triangle und Rodeo Drive ★★ [a7]

Die Anfänge des legendären **Rodeo Drive** im Nobelort Beverly Hills waren alles andere als spektakulär: Der spanische Name „Rancho Rodeo de Las Aguas" bezieht sich darauf, dass man hier bei Ölbohrungen nicht auf „schwarzes Gold", dafür aber auf das in L.A. nicht minder wichtige **Wasser** gestoßen war. Dieses machte es damals möglich, Schafzucht zu betreiben und Felder anzulegen.

Wo sich einst Felder und Weiden befanden, geht heute die Schickeria einkaufen und speisen – z. B. im altehrwürdigen, 1912 erbauten **Beverly Hills Hotel** am Ende des Rodeo Drive, wo dieser am Will Rogers Memorial Park auf den Sunset Blvd. trifft. Im auch „Pink Palace" genannten Hotel und dessen beliebter Polo Lounge treffen sich noch heute Filmproduzenten, Regisseure und Schauspieler.

1914 als Shopping- und Promeniermeile von Beverly Hills angelegt, wurde **„The Drive"** erst durch Julia Roberts und den Film „Pretty Woman" weltbekannt. 1968 eröffnete mit Gucci die erste Nobelboutique, dazu kamen schnell andere Edelschuppen wie Versace, Christian Dior, Dolce & Gabbana, Hermès oder Prada.

An der Ecke Rodeo Dr./Wilshire Blvd., **Via Rodeo**, eine Fußgängerzone im Stil eines europäischen Dorfes, schlägt das Herz des Viertels. Heute wird das ganze Areal zwischen Rodeo und Beverly Drive sowie Wilshire und Santa Monica Boulevard **„Golden Triangle"** genannt.

Idealer Ausgangspunkt für einen Rundgang ist das 1928 eröffente **Beverly Wilshire Hotel** (9500 Wilshire Blvd., www.fourseasons.com/beverlywilshire), in das man einen Blick werfen sollte. Direkt gegenüber beginnt der berühmte **Rodeo Drive**, der zum Bummeln, Auslagenbewundern und zum Ausschauhalten nach Stars einlädt. Ein Muss ist der Besuch des Parks am Santa Monica Blvd. (zwischen Rodeo und Beverly Dr.) mit dem **Schriftzug „Beverly Hills"**.

› www.beverlyhills.org, Anfahrt: gebührenpflichtige Parkplätze an und um Beverly Dr., Bus 20 (Wilshire/Rodeo) oder 720 (Wilshire/Beverly)

31 Museum of Tolerance ★ [bg]

1993 eröffnet, sorgte das Museum of Tolerance (MOT), Simon Wiesenthal Center, von Anfang an für weltweites Aufsehen. Der architektonisch interessante, aus verschiedenen Kuben kombinierte Hightechbau auf der Simon Wiesenthal Plaza, auch als „Holocaust-Museum"' bekannt und u. a. von Regisseur Steven Spielberg („Schindlers Liste") gesponsort, dient der **Dokumentation und Erforschung von Rassenhass und Vorurteilen,** besonders während der Nazizeit. Mittels Videoinstallationen geht es auch um aktuelle Rassenkonflikte.

› 9786 W Pico Blvd., Mo.-Do. 10-15.30, So. 10-17 Uhr, www.museumoftolerance.com, $ 16. Mit interessantem Museumsladen. Anfahrt: Parkhaus (kostenlos, Zufahrt über Pico Blvd.), Bus 14 bis „Pico/Beverwil" (zwei Blocks östlich).

32 Westwood und UCLA ★ [bg]

Westlich von Beverely Hills und Century City liegt **Westwood,** eine beliebte Schlafstadt. Nicht so vornehm wie Beverly Hills, gibt es hier etliche große Wohnkomplexe – eigentlich ungewöhnlich für L.A. Grund dafür ist auch die Nähe der **University of California at Los Angeles (UCLA)** mit parkähnlichem, weitläufigem Campus. An der Ecke Wilshire/Westwood Blvd. bietet das zur Uni gehörende **Hammer Museum** (s. S. 60) eine hochkarätige Sammlung moderner Kunst und spannende Wechselausstellungen. Das Museum eröffnete 2022 nach mehrjähriger Renovierung und Erweiterung um das Resnick Cultural Center neu.

Auf dem Campus liegt das kulturhistorisch interessante **Fowler Museum** (s. S. 60) und der sehenswerte **Franklin D. Murphy Sculpture Garden.** Vor dem südlichen Zugang zum Campus erstreckt sich am Westwood Blvd. das **Westwood Village** mit kleinen Läden, (Studenten-)Cafés und Lokalen.

› UCLA Luskin Conference Center, 425 Westwood Plaza (Zufahrt im Süden über Wilshire und Westwood Blvd.), www.ucla.edu. Anfahrt: Bus Nr. 20 bis „Wilshire/Westwood", dann Bus 761

Straße mit Ausblick

Der **Mulholland Drive,** benannt nach dem Ingenieur William Mulholland (1855–1935), der das Wasserversorgungssystem von L.A. entwickelte, wurde 1924 als sich großteils über den Kamm der Santa Monica Mountains dahinschlängelnde Straße eröffnet. Sie diente zunächst der Erschließung der Bergregion als Wohnareal südlich des Hwy. 101 zwischen Cahuenga und Sepulveda Pass. Am Drive liegen heute einige der teuersten Villen der Stadt.

Der Mulholland Drive wurde durch Filme, Popsongs und sogar Videospiele weltberühmt. Die Fahrt beginnt am Cahuenga Pass (Hwy. 101, Cahuenga Blvd.) im Osten und führt über den Sepulveda Pass (I-405) nach Westen, wo die Straße im Ort Woodland Hills wieder auf den Hwy. 101 stößt.

Unterwegs kommt man an mehreren Aussichtspunkten wie dem Universal City Overlook im San Fernando Valley oder dem Hollywood Bowl Overlook vorbei.

‹ Hier entlang geht es zum Rodeo Drive

33 The Getty Center ★★★ [ag]

Hoch über L.A. thront auf einem Hügel in den Santa Monica Mountains auf fast 300 m Höhe das Getty Center. Stararchitekt Richard Meier hat hier eine strahlendweiße Kunstkathedrale geschaffen, die ihresgleichen sucht. Allein der sich bietende Ausblick ist spektakulär, dazu kommen eine vielseitige Kunstsammlung und aufsehenerregende Wechselausstellungen.

Das Getty Center ist mit Sicherheit eines der wohlhabendsten und wichtigsten Kulturinstitute in der Neuen Welt. Hier ist es jedoch v.a. die **Architektur** vom Reißbrett Richard Meiers, die die Aufmerksamkeit auf sich zieht. Der weltbekannte Architekt plante einen Komplex, dessen einzelne Bauteile durch Übergänge, Treppen und Terrassen sowie durch prächtige Gartenanlagen miteinander verbunden sind. Raumbezüge, Durchblicke, luftig-helle Räumlichkeiten sowie Material- und Formkontraste haben ein ungewöhnliches Gesamtkunstwerk entstehen lassen, für das das beste Material gerade gut genug war: Allein zur Verkleidung der Fundamente wurden 15.000 t römischer Travertin per Schiff aus Italien herangeschafft. Für die Gestaltung der **Grünanlagen** war der kalifornische Installationskünstler Robert Irwin zuständig. Er entwickelte einzelne Parkräume und ließ Kakteengarten und Wasserläufe, Teiche und Rasenflächen anlegen.

Ist der Smog nicht zu dick, erblickt man in der Ferne schneebedeckte Berge, davor die Skyline von Downtown L.A. und auf der anderen Seite den tiefblauen Pazifik. Der Tram, die Besucher vom Parkplatz nach oben bringt, entstiegen, steht man auf der **Central Plaza** und eine breite Treppe führt zum Hauptzugang. Am anderen Ende des Platzes steht das Auditorium, ein Saal mit 450 Plätzen, der für Filmvorführungen, Lesungen und Konzerte genutzt wird, rechter Hand befinden sich ein Restaurant und ein Café. Durch den **Entrance Pavilion** mit Infostand und Einführungsfilm gelangt man ins Herz des Komplexes: fünf zweistöckige Pavillons gruppieren sich um einen offenen Hof mit Wasserlauf und Brunnen. Sie werden für Dauer- und Wechselausstellungen genutzt.

Die Kunstsammlung bietet einen umfassenden **Überblick vom Mittelalter bis zur Moderne** und präsentiert verschiedene Genres aus aller Welt. Gezeigt werden u. a. wertvolle Handschriften aus Mittelalter und früher Neuzeit sowie amerikanische und europäische Fotografien des 19. Jh. Die Kunstbibliothek mit 840.000 Bänden gilt als eine der größten der Welt und kann von Besuchern kostenlos genutzt werden. Der Schwerpunkt des Museums liegt auf **europäischer Malerei** und **Kunstgewerbe von etwa 1600 bis 1800**, aber auch **Manuskripte, Skulpturen** und **Zeichnungen** gehören dazu. Highlights sind Werke von Mantegna, Rembrand, van Gogh, Monet, Renoir, Cézanne, Michelangelo oder Raphael. Es gibt Miniaturen aus dem Mittelalter, Skulpturen von Bernini, Houdon oder Canova. In 14 Galerien sind französische Möbel und Kunstgewerbe zu sehen, darunter vier komplett nachgebaute Räume aus dem 18. Jh.

Vorbei am auffälligen Rundbau des Research Institute geht es zum **Central Garden,** an dem auch das Garden Terrace Cafe liegt. Verschiedene Gartenteile gruppieren sich terrassenartig um ein rundes Becken, zu dem ein Zickzackpfad entlang einem Wasserlauf führt – ein „living piece of art", mit kühnen Schwüngen und Kurven in interessantem Kontrast zum rechtwinkligen Baukomplex stehend. Hier kann man nach dem Kunstgenuss eine Pause einlegen, sogar auf den makellos gepflegten Rasenflächen.

› 1200 Getty Center Dr., www.getty.edu, tgl. außer Mo. 10–17.30, Sa. bis 20 Uhr, Eintritt frei (Ticket-Reservierung nötig), Parkgebühr $ 20. Café und empfehlenswertes **Restaurant at the Getty** (Tel. 310 4406810) mit kreativen, exquisit zubereiteten Gerichten, dazu toller Ausblick sowie attraktiver Museumsladen. Anfahrt: San Diego Freeway (I–405) bis „Getty Center Drive Exit", der direkt zum Parkhaus führt. Oberhalb, in einem Park mit Skulpturen, liegt die Haltestelle der Magnetbahn, die Besucher zum Museum auf dem Hügel bringt. Zu Fuß sind es rund 15 Min. Mit öffentlichen Verkehrsmitteln ist die Anfahrt sehr umständlich und zeitaufwendig.

Beach Cities

Beach Babes und Boys, Surfen und Bodybuilding – wo anders als an den Stränden von L.A. hätte dieser Mythos entstehen können? Den ganzen Tag, die ganze Nacht, ja das ganze Jahr über scheint hier Ferienstimmung zu herrschen. Mit unbeschwertem Hedonismus präsentieren die Schönen der Stadt ihre sonnengebräunten Körper und genießen Sonne, Meer und Dolce Vita.

Strandkultur pur entlang einem rund 130 km langen Sandstreifen – an der Los Angeles vorgelagerten Küste reiht sich zwischen Redondo Beach und Malibu ein Strand an den anderen. Man gibt sich mondän und praktiziert selbstbewusst den südkalifornischen **way of live** mit Fitness, Körperkult und Wassersport aller Art. Am Strand gehen Musiker und

◁ *Außen wie innen sehenswert: das Getty Center* 33

Künstler, Händler und Aussteiger, Jogger, Surfer und Skater, flotte Girls und muskelbepackte Sonnyboys eine friedliche Koexistenz ein.

Hauptverkehrsachse an der Küste ist der legendäre **Highway 1** (Pacific Coast Highway), von dem aus man immer wieder ans Wasser gelangt. Auf den ersten Blick wirken die Beaches gleichförmig und ähneln sich, doch bei näherem Hinsehen gibt es durchaus Unterschiede.

34 The Getty Villa ★★★ [ag]

Hoch über dem Pazifik gelegen, versteckt sich zwischen den mondänen Küstenortschaften Malibu und Pacific Palisades eine der ungewöhnlichsten Bauten der Stadt: die Getty Villa. Man traut seinen Augen kaum: Hier an der US-Westküste steht eine antike römische Villa, und sie passt sogar in die Landschaft.

Das nahe Meer und die üppige Flora erinnern durchaus an den Golf von Neapel, wo zu Füßen des Vesuvs, in Herculaneum, einst die **Villa dei Papiri** stand. Sie war im Jahr 70 n. Chr. beim Ausbruch des Vesuvs verschüttet und 1750 ausgegraben worden. Der schwerreiche Öl-Tycoon J. Paul Getty (1892–1976) besuchte auf einer Reise die Ruinen der Villa und ließ sich in den 1970er-Jahren zu einem **Nachbau** inspirieren. Die einst dem Schwiegervater Julius Caesars gehörende Sommerresidenz passte perfekt in die subtropische Landschaft am Pazifik.

Die Getty Villa ist wie das Getty Center 33 Teil des Getty Trust. Solange das Getty Center noch nicht existierte, fungierte die Villa als Kunst- und Antikenmuseum in einem, seit ihrer Wiedereröffnung im Jahr 2006 wird ausschließlich die hochkaräti-

Die Getty Villa 34 bei Malibu lädt zum Eintauchen in die römische Antike ein

ge **Antikensammlung** präsentiert. Der ursprüngliche Bau wurde von SPF:architects und Machado & Silvetti **renoviert** und um mehrere Bauten wie das Conservation Institute, den Zugangsbereich, die Open-Air-Bühne, einen Buchladen und ein Café **ergänzt.** Auch die herrlichen, nach antiken Vorbildern gestalteten **Gartenanlagen** und Innenhöfen wurde „aufpoliert".

Heute konzentriert sich die Villa passenderweise ganz auf **antike Kunst und Kultur** und Besucher können auf Zeitreise in die römische Antike gehen. Mögen auch Kritiker angesichts des nie vollständig ausgegrabenen oder dokumentierten Originalbaus die Authentizität von Gettys Auftragsarbeit anzweifeln, ist es ihm doch gelungen, ein Stück antike Architektur über den Teich zu holen. Auch die Lage und die **Ausstattung** mit Wandmalereien und Skulpturenschmuck, Höfen und Gartenanlagen, Brunnen und Mosaiken passen perfekt. Durch ein Atrium (Innenhof) gelangt man in die jetzt luftig und hell wirkenden Räume, die sich auch um das innere und das größere äußere Peristyl, einen von Säulen umgebenen lang gestreckten Innenhof, gruppieren. Zur Dauerausstellung kommen immer wieder interessante Wechselausstellungen zu Themen der Antike und vergangenen Kulturen, dazu gibt es ein Open-Air-Theater.

› 17985 Pacific Coast Hwy., Pacific Palisades, Mi.–Mo. 10–17 Uhr, Eintritt frei, vorherige Anmeldung unter www.getty.edu/visit nötig, um ein zeitgebundenes Ticket zu reservieren. Mit Café at the Getty Villa (Mi.–Mo. 11–15/16 Uhr), wo mediterran angehauchte kleine Gerichte wie Suppen, Salate, Pizza und Panini serviert werden. Anfahrt: Zufahrt zur Parkgarage ($ 20) am Pacific Coast Hwy. (Hwy. 1) ausgeschildert.

MEIN TIPP

Heimat in der Fremde

Die Getty Villa gehört offiziell nicht zu Malibu, sondern zu **Pacific Palisades,** einem malerischen Nobelwohnort, dessen kleines Stadtzentrum sich am westlichen Ende des Sunset Boulevard ausbreitet. „The Village" wurde während des Zweiten Weltkrieges als Heimat berühmter deutscher Emigranten wie **Thomas Mann** und **Lion Feuchtwanger** weltberühmt. Die einstige Residenz von Lion und Marta Feuchtwanger, die **Villa Aurora,** fungiert seit 1995 als Künstlerresidenz und Veranstaltungszentrum, das Thomas-Mann-Haus wurde 2016 von der deutschen Bundesregierung vor dem Abriss gerettet und gekauft. 2018 erfolgte die Neueröffnung als Begegnungsstätte und Wohnsitz für fünf Stipendiaten.

Das benachbarte **Malibu** gibt sich ähnlich abgeschottet. Bekannt ist der Ort seit den 1920er-Jahren als Seebad der Reichen und bis heute strahlt er eine gediegene Atmosphäre aus. Der 1905 errichtete **Malibu Pier** ist ein idealer Platz, um einen ereignisreichen Tag mit einem Sonnenuntergang über dem Pazifik zu beenden. Berühmt ist der Pier auch wegen seiner Lage neben dem **Surfrider Beach,** Treff der besten Surfer aus aller Welt. Am Strand ist das **Historic Adamson House** sehenswert, das 1929 im mediterranen Stil erbaut wurde.

★**16 Villa Aurora,** 520 Paseo Miramar, Pacific Palisades, www.vatmh.org (auch zum Thomas-Mann-Haus)

★**17 Malibu Pier,** 23000 Pacific Coast Highway (Hwy. 1), http://malibupier.com

★**18 Historic Adamson House,** 23200 Pacific Coast Hwy., www.adamsonhouse.org, mit Malibu Lagoon Museum zur Stadtgeschichte, Do.–Sa. 11–15 Uhr, nur Touren, $ 7

› Anfahrt: Bus Nr. 534 (aus Santa Monica)

35 Santa Monica ★★★ [ah]

Am westlichen Endpunkt der legendären Route 66 gelegen, ist Santa Monica das Zentrum des Fremdenverkehrs an der Küste von Greater L.A. Die strahlend weißen und feinsandigen Strände, der Pier und die nette Innenstadt sind seit Langem beliebtes Ziel gestresster Großstädter und Urlauber.

Die „Karriere" des über 5 km langen Sandstrands von **Santa Monica** begann vor über 100 Jahren als beliebtes Wochenendziel der Angelenos. Als Ende der 1880er-Jahre die Santa Fe Railroad das Hafenstädtchen erreichte und Erholungssuchende in Scharen herbrachte, entstand eine touristische Infrastruktur. Die Bedeutung wuchs noch, als Santa Monica Endpunkt der Route 66 wurde, die seit 1926 Chicago und Los Angeles verbindet.

Aus jüngerer Zeit stammt die **Third Street Promenade,** eine Fußgängerzone mit Läden, Cafés und Lokalen, Kinos, Bars und Clubs. Von hier sind es nur wenige Schritte zum **Santa Monica Pier.** Von den einst zahlreichen Piers entlang dem Strand ist nur dieser eine erhalten, bestehend aus dem 1909 erbauten Municipal Pier und dem Pleasure Pier von 1911. Er fungiert als Mittelpunkt des Strandtrubels und als „Promeniermeile". Neben Restaurants und Pubs – darunter Santa Monica Pier Seafood –, Läden und Ständen, Achterbahn und Riesenrad, strahlt das „Hippodrom", ein Karussell mit 56 Holzpferden, den Charme der 1920er-Jahre aus.

> Ocean Ave., Parken $ 10, Eintritt zum Pier frei, die *action rides* (Fahrgeschäfte) kosten separat, www.santamonica.com. Anfahrt: Metro E Line bis Endstation „Downtown Santa Monica".

Santa Monica mobil

Santa Monica ist, zumindest was Zentrum und Strand angeht, eine Stadt für Fußgänger und Radler. Unter anderem unterhält Metro Bike Share (s. S. 117) hier mehrere Ausleihstationen. In der Stadt verkehrt der Big Blue Bus (http://bigbluebus.com, z. B. Rte. 1 oder 41). Santa Monica ist durch die Metro E Line (www.metro.net) perfekt an Downtown L.A. angebunden.

Infos & Sights

19 [Seite 45] **Santa Monica Visitor Center,** 2427 Main St., Tel. 1 800 5445319, www.santamonica.com, Mo.–Fr. 9–17.30, Sa./So. 9–17 Uhr. Außerdem Infokioske im Palisades Park (1400 Ocean Ave.) und am Santa Monica Pier und an der 3rd St. Promenade.

20 [Seite 45] **Museum of Flying,** 3100 Airport Ave., www.museumofflying.org, tgl. 10–17 Uhr, $ 26. Museum zur Douglas Aircraft Company, der Geschichte des Santa Monica Airport und der California Aviation Hall of Fame.

Gastronomie und Shopping

> Das Zentrum mit Läden, Cafés, Bars, Lokalen und Shoppingmall erstreckt sich zwischen 4th St., Colorado Ave. und Wilshire Blvd. – nahe der Metro-Endstation und dem Pier.

36 Venice Beach ★★ [ah]

Venice Beach gehört mit mehreren Mio. Besuchern jährlich zu den beliebtesten Zielen im Großraum L.A. Der Name war Programm: Zu Beginn des 20. Jh. war ein gewisser **Abbot Kinney** von der Lagunenstadt so begeistert gewesen, dass er sie in Kalifornien nachbauen wollte und dafür 26 km an Kanälen und Brücken anle-

Santa Monica
1cm = 400 m
0
800 m
© Reise Know-How 2023
Montana Ave
Ocean Ave
Pacific Coast Highway
4th St
WILSHIRE MONTANA
Lincoln Blvd
14th St
20th St
Christine Emerson Reed Pk
Wilshire Blvd
MID-CITY
Santa Monica State Beach
SANTA MONICA
Santa Monica Blvd
Cloverfield Blvd
DOWN-TOWN
17th Street / SMC Station
Memorial Park
Downtown Santa Monica
Olympic Blvd
Santa Monica Freeway
Santa Monica Pier
Pico Blvd
Woodlawn Cemetary
Virginia Ave Park
Nelson Way
Dorothy Green Park
Ocean Park Blvd
OCEAN PARK
SUNPARK
Ocean View Park
Pacific Ave
23rd St
Santa Monica Airport
Rose Ave
Penmar Golf Course
Venice Beach Park
Abbot Kinney Blvd
VENICE
N Venice Blvd
S Venice Blvd
Venice Blvd
Walgrove Ave
Venice Fishing Pier
Washington Blvd
243
190
133
160
246
35
202
19
56
21
20
22
244
36
206
245

gen, Gondeln importieren und zur Eröffnung die damals berühmte Künstlerin Sarah Bernhardt auftreten ließ.

Ein neues Venedig am Pazifik war entstanden, allerdings blieb der erhoffte Immobilienboom aus und der Aufschwung der Ölindustrie hatte **Wasserverschmutzung** und die Entstehung hässlicher **Industrieanlagen** zur Folge. Kaliforniens Venedig geriet in Vergessenheit und die Kanäle wurden ab 1929 wieder nach und nach zubetoniert. Ein Revival erlebte Venice in den 1950er-Jahren als **Künstler- und Dichterkolonie** sowie als Zentrum der **Beatniks**, in den späten 1960er-Jahren dann als Rückzugsgebiet der **Hippies** und in den 1970er-Jahren kreierten hier die Eagles und Jackson Browne den **„West Coast Sound"**. Ein Teil der alten **Kanäle** wurde wieder freigelegt und sie bieten auf einem Spaziergang von der Kreuzung Washington Ave. und Venice Blvd. fotogene Motive.

„Not exactly Italy, but very California" – so präsentiert sich Venice heute und lebt in erster Linie vom Glanz vergangener Tage. Zwar pulsiert am Strand rund um die Uhr das Leben, es tummeln sich Händler, Sonnenanbeter, Surfer, Skater und Biker, Aussteiger und Künstler, doch das gesamte Drumherum ist deutlich in die Jahre gekommen. In den Hinterhöfen und Seitenstraßen bröckelt der Putz und selbst entlang der Promenade wirken viele Verkaufsbuden mittlerweile ziemlich baufällig.

Venice Beach mit seinem Pier und dem Sandstrand wird zur Stadtseite hin vom 3 km langen **Venice Boardwalk** begrenzt, einer beliebten Fußgängerpromenade. Hier gilt das Motto „sehen und gesehen werden" und das stadtbekannte Original, der Musiker und Skater Harry Perry, ist seit Jahrzehnten hier unterwegs. Im unveränderlich-verrückten Outfit, mit Rastalocken und bunter Gitarre fährt er auf Rollschuhen den Boardwalk entlang. Beliebter Treff ist der **Muscle Beach**, wo auch der ehemalige Gouverneur, Arnold Schwarzenegger, seine Karriere als Bodybuilder begann. Der **Venice Beach Skate Park** am Nordende der Strandpromenade ersetzt auf rund 1500 m² Fläche den legendären „Venice Pit", wo z. B. Skate-Legende Jesse Martinez seine Karriere begann.

070la Abb.: mb

West Coast Sound

Dieser Musikstil, auch „Southern California Rock“ genannt, ist untrennbar mit einem Namen verbunden: den **Eagles.** Sie waren es, die erstmals West Coast Rock auf höchstem Niveau boten, eine Fusion aus Rock-, Pop- und Country-Elementen basierend auf handwerklichem Können. **Crosby, Stills, Nash, and Young,** die **Doobie Brothers** oder **Jackson Browne** trugen ebenfalls dazu bei, dass West Coast Sound weltbekannt wurde, wohingegen die **Beach Boys** eher dem sanfteren „Surf Sound“ verbunden waren als hartem Rock.

Dass der West Coast Sound fortlebt, belegten die Eagles. Zwischen 1972 und 1979 brachten sie Alben wie „Eagles“ (1972), „Desperado“ (1973), „Hotel California“ (1976) oder „The Long Run“ (1979) auf den Markt, um sich anschließend zu trennen. 1994 kam es zur Reunion und 2007 gelang ihnen mit „Long Road out of Eden“ ein Comeback. 2016 verstarb mit Glenn Frey einer der Gründer der Band.

Ähnlich omnipräsent ist **Jackson Browne,** der seit 1972 konstant Alben veröffentlicht und als Songwriter für viele Stars tätig ist. Aber auch als Umweltschützer hat sich der 1948 in Heidelberg geborene Browne einen Namen gemacht.

Die moderne Version des West Coast Sound verkörpern die **Eels** um Mark Oliver Everett. Sie veröffentlichten das erste Album zwar schon 1996, aber erst in den letzten Jahren wurden sie in der Indie-Szene berühmt und treten auch hierzulande immer wieder auf.

Weniger bekannt, doch vor Ort sehr gefragt, sind mexikanische Musikrichtungen wie **Corrido** (Balladen), **Ranchera** (Volksmusik mit einem Musiker), **Mariachi** (mit Band) oder **Bolero.** Die wohl legendärste mexikanisch-beeinflusste Band aus L.A. ist **Los Lobos,** die seit Jahrzehnten mexikanische Volkmusikrichtungen mit Bluegrass, Folk, Blues und Hip-Hop verschmelzen lässt.

Gastronomie und Shopping in Venice Beach

21 [Seite 45] **Venice Ale House,** 2 Rose Ave., www.venicealehouse.com, Mo.–Fr. 12–21, Sa., So. ab 11 Uhr. Tolle Bierauswahl und preiswertes Essen. Auch Frühstück!

› **High Rooftop Lounge,** auf dem Dach des Hotel Erwin (s. S. 125). Gute Cocktails und Häppchen, aber v. a. wegen des Ausblicks über Strand und Meer beliebt, gerade bei Sonnenuntergang.

22 [Seite 45] **Small World Books,** 1407 Ocean Front Walk/Horizon Ave., www.smallworldbooks.com. Unabhängiger Buchladen am Venice Boardwalk mit breitem Spektrum.

Anfahrt nach Venice Beach

Die **Buslinien** Nr. 4 und 33 verbinden Downtown L.A. mit Venice bzw. Venice Beach. Alternativ fährt man mit der Metro E Line bis Santa Monica und nimmt dort Bus Nr. 1 (www.bigbluebus.com). **Autofahrer** sollten an den Stichstraßen, die von der Pacific Avenue zur Oceanfront führen, parken (Parkuhren, ca. $ 1/Std.). Die großen Parkplätze am Strand sind teurer (ca. $ 10 bis $ 15 pauschal).

Blick auf Venice Beach vom Hotel Erwin (s. S. 125)

37 Long Beach ★★ [el]

Das unter der Bezeichnung **Port of Los Angeles** bekannte Areal im Süden der Stadt ist der mit Abstand größte Hafen, nicht nur an der amerikanischen Westküste, sondern auf dem gesamten Kontinent. Er ist für die wirtschaftliche Rolle der Stadt als Im- und Exportzentrum von entscheidender Bedeutung. Rund 45 km Kailänge und über 4000 Container- und Kreuzfahrtschiffe im Jahr machten **Long Beach** mit seiner halben Million Einwohner daher in erster Linie als Hafenstadt bekannt. Dabei gibt es hier mehr zu sehen als nur Hafen- und Industrieanlagen: z. B. die Queen Mary, ein Aquarium und ein Kunstmuseum.

Erste Anlaufstation sollte die *ocean front* (Queens Way/Shoreline Dr.) mit dem **Shoreline Village**, dem Nachbau eines kleinen Hafenorts mit Läden, Lokalen und Schiffsanlegestellen (Bootsausflüge) sein. Die Hauptachse von Downtown Long Beach ist die **Pine Avenue**, die von der *ocean front* ins Zentrum führt, das von ein paar Hochhäusern markiert wird. Östlich davon breitet sich **East Village**, ein Künstlerviertel mit Galerien und Cafés, aus. Im benachbarten **4th Street District**, einem Hispano-Viertel, steht das Museum of Latin American Art.

23 [el] **Shoreline Village**, Shoreline Village Dr. (östlich des Aquarium of the Pacific), https://shorelinevillage.com. Shops und Lokale, Fahrradverleih und Bootsausflüge. Infos: www.visitlongbeach.com.

Weithin sichtbar liegt am jenseitigen Kanalufer das einstige Luxuspassagierschiff **Queen Mary** vor Anker. Als die Queen Mary im Jahre 1936 vom Stapel lief, galt sie als größter und schnellster Passagierdampfer der Welt. Mit der Flaute des transatlantischen Schiffsverkehrs wegen der Zunahme der Flugverbindungen schlug auch für die Queen Mary die letzte Stunde und sie ging 1967 in Long Beach in den „Ruhestand", wurde in ihren eleganten Ursprungszustand zurückversetzt und als Hotel mit Restaurant eröffnet.

24 [el] **Queen Mary**, 1126 Queens Hwy., Touren tgl. 11–18 Uhr, Details zu Touren und Preisen: https://queenmary.com/visit

An der *ocean front* wird im unübersehbaren **Aquarium of the Pacific** in mehreren Abteilungen anschaulich Flora und Fauna in Südkalifornien und der Baja California, im Nordpazifik und im Tropischen Pazifik vor Augen geführt. Ein empfehlenswertes, preisgünstiges Selbstbedienungsrestaurant (Cafe Scuba) und ein großer

0331la Abb.: mb

Laden könnten den Besuch angenehm abschließen.

- 25 [el] **Aquarium of the Pacific,** 100 Aquarium Way, www.aquariumofpacific.org, tgl. 9–18 Uhr, $ 36,95 Basispreis, Touren und Filme extra

In einem architektonisch attraktiven Bau gibt das **Museum of Latin American Art (MoLAA)** einen perfekten Überblick über die gesamte, moderne lateinamerikanische Kunst und ist diesbezüglich einzigartig. Zum Komplex gehören Unterrichtsräume, eine Forschungsbibliothek, ein Filmstudio und ein Skulpturengarten mit modernen Kunstwerken und Kakteen. Angrenzend werden im Viva Café mit Freiplätzen passende Spezialitäten serviert und der Museumsladen bietet ein gutes Angebot an Kunsthandwerk und Schmuck aus Lateinamerika.

- 26 [ek] **Museum of Latin American Art (MoLAA),** 628 Alamitos Ave./E 6th, www.molaa.org, Mi.–So. 11–18 Uhr, $ 15
- › Anfahrt: Metro Rail A Line „Downtown Long Beach" bzw. „1St St" oder „5th St"

The Valleys

Die sogenannten Valleys, die Täler in den Santa Monica und San Gabriel Mountains nördlich der Stadt, waren einst bevölkert von wilden Tieren, Rindern und „Vaqueros", mexikanischen Cowboys. Heute gelten die Städte und Täler in den umliegenden Bergen als beliebte – und teure – Wohnadressen.

Ein wenig bekanntes Museumshighlight in Long Beach: das MoLAA

38 Griffith Park und Observatory ★★ [df]

Keine amerikanische Großstadt ist ohne Park: Der mit Picknick-, Tennis-, Golf- und sonstigen Sportplätzen gespickte und von Reit-, Rad- und Wanderpfaden durchzogene Griffith Park zählt zu den größten städtischen Grünanlagen in den USA. Der rund 16 km² große Park war 1896 der Stadt von dem Zeitungsbesitzer Griffith J. Griffith geschenkt worden und ist heute Freizeitoase und Spielwiese der Angelenos. Dabei handelt es sich um keinen gewöhnlichen Stadtpark, sondern vielmehr um ein Naturareal mitten in der Stadt an den ersten Ausläufer der Santa Monica Mountains. Höchste Erhebung ist der 521 m hohe **Mount Lee,** auch als Mt. Hollywood bekannt, da hier der berühmte Schriftzug angebracht wurde (s. S. 27). Im Griffith Park befindet sich auch der **L.A. Zoo** (s. S. 114).

Erste Anlaufstation sollte das **Griffith Observatory** aus dem Jahre 1930 sein. Es liegt nahe dem **Greek Theatre** (s. S. 77) und lohnt nicht nur wegen Hall of Science, Planetarium und Laserium, sondern v. a. wegen des atemberaubenden – und kostenlosen – Ausblicks von der Terrasse. Bei klarer Sicht, besonders bei Sonnenuntergang oder in einer sternenklaren Nacht, kann man von hier die Ausdehnung der Stadt voll erfassen.

Über mehrere Serpentinen gelangt man zu dem großen (immer vollen) Parkplatz vor dem weißen Kuppelbau, der an der Front durch das Astronomers Monument markiert ist. Das Observatorium beherbergt das große **Samuel Oschin Planetarium** mit einem Vorführraum für 600 Zuschauer und täglich mehrere Shows ($ 10), außerdem das **Leonard Nimoy**

Event Horizon Theater (200 Sitze, Filme und Demonstrationen). Besonders beliebt ist seit 1935 das riesige **Zeiss-Doppelteleskop** in der Ostkuppel des Baukomplexes. In klaren Nächten steht das Teleskop gratis zur Sternbeobachtung zur Verfügung.

In mehreren Sälen des Baus sind verschiedene Ausstellungen zu sehen, z. B. geht es in der **Ahmanson Hall of the Sky** um Sonne und Mond, in der Abteilung „Cosmic Connection" um eine „Timeline" durch das Universum und in „Gunther Depths of Space" um Planeten, andere Welten und die Milchstraße.

Auf der nördlichen Seite des Parkplatzes führt ein Wanderweg zum **Mt. Hollywood.** Er führt vorbei an einem Wegweiser zur Partnerstadt Berlin und einem kleinen Wäldchen namens „Berlin Forest". Dahinter eröffnet sich ein herrlicher Blick auf die Stadt, das Observatorium und ggf. den Sonnenuntergang. Ebenfalls gut von hier aus zu sehen sind die Hollywood Hills und das **Hollywood Sign** (s. S. 27).

› Griffith Park Observatory und Planetarium, 2800 E Observatory Rd., Di.–Fr. 12–22, Sa./So. 10–22 Uhr, Eintritt frei, http://griffithobservatory.org. Café at the End of the Universe (tolle Aussicht). Anfahrt: Über Los Feliz Blvd./Vermont Ave. (ausgeschildert „Observatory") zum großen Parkplatz. Öffentlicher Nahverkehr tgl. 10–22 Uhr, DASH Observatory/Los Feliz ($ 0,50) ab Metrostation „Vermont/Sunset" (B Line).

39 The Autry ★★★ [df]

Der Western wurde in Hollywood „erfunden" und daher wundert es nicht, dass ausgerechnet hier auch der singende Filmcowboy Gene Autry wohnte und aus seinem Nachlass in L.A. ein sehenswertes Museum über den Wilden Westen entstand.

Gegenüber dem Zoo (s. S. 114) befindet sich der 2003 eröffnete Komplex von The Autry im Adobe-Baustil. Er wurde in den letzten Jahren komplett umgestaltet und widmet sich nun weniger Gene Autry und den klassischen Westernfilmen, sondern

Das berühmte Zeiss-Teleskop im Griffith Observatory 38

128la Abb.: travelview, stock.adobe.com

legt den Schwerpunkt auf Western Art, auf die Natur der Region und die hier beheimateten indigenen Völker.

In der Ausstellung **„Human Nature“** wird unter vier Gesichtspunkten – Salmon, Fire, Desert und Plants – der Umgang der Indianer mit den kalifornischen Ökosystemen dargestellt und erläutert, was die moderne Gesellschaft angesichts der klimatischen Veränderungen daraus lernen kann. In **„Waterways“** steht dann die Bedeutung des Wassers in Kalifornien im Mittelpunkt.

Zu sehen sind auch Teile der hochkarätigen Sammlung **„Art of the West“**, außerdem geht es um wichtige Aspekte des amerikanischen Westens: In der **„Cowboy Gallery“** erfährt man alles über Cowboys, interessant sind die Beispiele zu Wildwest-Mythen und -Legenden in der Abteilung **„Western Frontiers – Stories of Fact & Fiction“**, während in der **„Journeys Gallery“** die Besiedelung des Westens im Zentrum steht. Die Bedeutung von Waffen zeigt **„The Colt Revolver in the American West“.**

Nicht versäumen sollte man am Ende den **California Ethnobotanical Garden,** den der Ponca-Indianer Matthew Kennedy mit etwa 60 regionalen Pflanzen, die von den Indianern genutzt wurden, gestaltet hat.

Leider auf unbestimmte Zeit geschlossen ist das Southwest Museum of the American Indian, während die Bestände des früheren Women of the West Museum in die Autry-Ausstellungen integriert wurden.

› 4700 Western Heritage Way/Griffith Park, https://theautry.org, Di.–Fr. 10–16, Sa./So. 10–17 Uhr, $ 16, mit Trail Grill Restaurant. Anfahrt: Großer (kostenloser) Parkplatz direkt am Museumskomplex. Öffentlicher Nahverkehr: Bus 96 bis „L.A. Zoo“.

KURZ & KNAPP

Gene Autry

Gene Autry (1907–1998) war ein waschechter **Texaner,** der in den 1940er- und 1950er-Jahren zum legendären **Countrysänger** und **Filmstar** aufstieg. Ihm sind auf dem Walk of Fame als einzigem Künstler Sterne in allen fünf Kategorien (Film, TV, Theater, Musik und Radio) gewidmet. Der musikalische Durchbruch war ihm 1931 gelungen, doch als Schauspieler bekannt wurde er erst ab 1934 mit Western, in denen er den „Singing Cowboy“ spielte. In „In Old Santa Fe“ trat Autry erstmals als Schauspieler auf, es folgten zahlreiche weitere Filme. Sein berühmtester Song war „Rudolph, the Red-Nosed Reindeer“ (1949), von dem über 9 Mio. Exemplare verkauft wurden, und sein größter TV-Erfolg „The Gene Autry Show“, von der zwischen 1950 und 1955 91 Folgen liefen. Gene Autry starb am 2. Oktober 1998 im Alter von 91 Jahren in Los Angeles. 1953 hatte er die **Melody Ranch** bei L.A. erworben, die als Filmstudio fungiert (Infos zu Touren: http://melodyranchstudio.com) und 1988 rief er das Museum ins Leben.

40 Old Pasadena ★★ [ef]

Die Valleys gelten heute als beliebte (und teure) Wohnadresse. Das am Fuße der San Gabriel Mountains gelegene Pasadena ist zusammen mit dem sich südlich anschließenden San Marino einen Ausflug wert. Weithin bekannt wegen seiner Parkanlagen und Gärten, trägt Pasadena auch den Namen **City of Roses.** Am Neujahrstag findet hier die berühmte **Rosenparade** (s. S. 86) statt – ein Blumenkorso mit Festwagen, der landesweit im Fernsehen übertragen wird – und anschließend das College-Football-Pokalspiel um die **Rose Bowl**, eine Meisterschale.

Old Pasadena um die Hauptachse Colorado Boulevard wurde schon 1873 von Siedlern aus Indiana gegründet, erhielt 1886 den Stadtstatus und wurde mit Anschluss an die Eisenbahn ein beliebter Erholungsort. Der seit den 1970er-Jahren revitalisierte Ort hat sich dank CalTech zu einer lebhaften Unistadt mit Cafés, Restaurants, Pubs mit Livemusik, Kinos, Kunstgalerien und Läden gemausert. Einen guten Überblick mit Kostproben erhält man während einer Melting Pot Food Tour (s. S. 119). Die Architektur der älteren Gebäude zeigt spanisch-mexikanische Einflüsse, beispielsweise die City Hall (100 N Garfield Ave.) von 1927.

Zu den kulturellen Highlights gehört das von Frank Gehry renovierte **Norton Simon Museum.** Die Kunstsammlung, die von Norton Simon (1907–1993) zusammengetragen wurde, umfasst über 12.000 Objekte aus aller Welt – von Europa über Südostasien bis Amerika –, wovon nur jeweils ein Bruchteil gezeigt werden kann. Der Schwerpunkt liegt auf europäischen Kunstwerken vom 14. bis 20. Jh., speziell Impressionisten und Druckgrafiken. Architekturfreunde sollten sich das **Gamble House,** 1908 von den Greene-Brüdern als Prototyp des „Bungalow Style" für David und Mary Gamble (Procter & Gamble) erbaut, nicht entgehen lassen.

MEIN TIPP

City of „Hoods"

Zwischen Hollywood und Downtown liegt **Silver Lake,** eines der angesagten Viertel, Heimat der Bohemians und Hipster. Hier finden sich neben sehenswerten modernen Wohnbauten (u. a. von R. M. Schindler oder Richard Neutra) auch Zentren der alternativen Musik-, Kunst- und der LGBT-Szene sowie besonders rund um die Kreuzung Sunset und Silver Lake Blvd. viele Läden, Kneipen und ein Wochenmarkt (3700 Sunset Blvd., Di./Sa.). Mitten im Viertel liegt der Silver Lake, ein Wasserreservoir mit beliebtem Park.

Östlich davon breitet sich am Westufer des Los Angeles Rivers bis zum Elysian Park mit dem Doger Stadium das **Elysian Valley** – auch **Frogtown** genannt – aus. Hier lädt z. B. der Pub der Frogtown Brewery (www.frogtownbrewery.com) ein, v. a. bemerkenswert ist aber die erfolgte Renaturierung des **Los Angeles River** – zu sehen im Lewis MacAdams Riverfornt Park (2999 Rosanna St., https://mrca.ca.gov/parks/park-listing/marsh-park/, Infos zu Aktivitäten: https://lariverrecreation.org).

Das kleinere **Larchmont Village** schließt sich in Central L.A. direkt südlich an Hollywood an. Kleine Läden und Cafés laden entlang dem Larchmont Blvd. (Beverly Blvd.–W 1st St.) zum Bummeln ein.

Der **Vinyl District** in Hollywood ist neu: An der Kreuzung Selma/Wilcox nahe dem Sunset Blvd. gelegen, nimmt schon der Name Bezug auf Musikindustrie und Aufnahmestudios, Plattenläden und Labels, die hier zu Hause sind oder waren.

Im Auge behalten sollte man die Entwicklung von **Crenshaw** (https://destinationcrenshaw.la). Im afroamerikanischen Viertel in South L.A. wird ein Abschnitt des Crenshaw Blvd. mit Parks, Läden und Lokalen sowie Kunstwerken afroamerikanischer Künstler attraktiv umgestaltet. Von Vorteil dürfte auch sein, dass die neue Metro K Line zum Flughafen das Viertel quert.

› Infos: www.timeout.com/los-angeles/neighborhoods, www.discoverlosangeles.com

★**27** [ef] **Gamble House,** 4 Westmoreland Pl., https://gamblehouse.org, Di., Do.–So. verschiedene Touren, ab $ 15. Anfahrt: Die nächste Metro-Rail-Station (A Line „Memorial Park") ist etwa 2 km entfernt, alternativ: Bus 267 ab „Los Robles/Colorado" bis „Orange Grove/Rosemont".

› **Norton Simon Museum** (s. S. 62). Anfahrt: Bus 180/181 (entlang Colorado Blvd. bis „Colorado/Orange Grove").

★**28** [ef] **Old Pasadena,** E Colorado Blvd., www.oldpasadena.org. Anfahrt: Metro Rail – A Line bis „Memorial Park". Parken: Old Pasadena Park & Walk Garages, 2 Std. $ 1.

★**29** [ef] **Rose Bowl,** 1001 Rose Bowl Dr., www.rosebowlstadium.com, bei Veranstaltungen Shuttle ab Old Pasadena).

30 USC Pacific Asia Museum, 46 N Los Robles Ave., https://pacificasiamuseum.usc.edu, Mi.–So. 11–17 Uhr, $ 10. Asiatische Kunst in sehenswertem Ambiente.

41 Huntington Library, Art Museum, and Botanical Gardens ★★★

The Huntington gehört zu den ungewöhnlichsten, aber bei ausländischen Reisenden eher unbekannten Attraktionen in L.A.: Etliche Stunden kann man sich in ausgedehnten Gartenanlagen ergehen und dabei Pflanzen aus aller Welt und verschiedene Ökosysteme kennenlernen. Kunstfreunde finden ausgezeichnete Sammlungen britischer und amerikanischer Kunst und Bibliophile eine ungewöhnliche Bibliothek.

Das „Huntington" (Huntington Library, Art Museum, and Botanical Gardens) liegt genau genommen nicht in Pasadena, sondern in **San Marino,** Wohnsitz der Millionäre. Henry Huntington hatte sich den Park ab 1903 vom deutschstämmigen Gärtner William Hertrich anlegen lassen. In der 1911 erbauten Villa befindet sich heute eine **bedeutende Sammlung britischer Malerei,** in einem Neubau sind Beispiele **amerikanischer Kunst ab dem 19. Jh.** zu bewundern. Zugehörig ist auch eine über 400.000 Bände umfassende **Bibliothek.**

Höhepunkt ist jedoch der **Botanische Park,** der aus 15 einzelnen Gärten besteht. Im Desert Garden beispielsweise sind mehrere Tausend verschiedene Kakteenarten vereint – er gilt als einzigartig. Daneben gibt es subtropische und australische Abteilungen, einen Rosengarten von 1903 mit über 1000 Sorten, aber auch einen Kräuter-, Palmen- (aus aller Welt), Kamelien- oder Orangengarten. Der große japanische und der chinesische Garten machen den Vergleich zwischen zwei unterschiedlichen Gestaltungsprinzipien möglich. Neben einem *Conservatory,* einem Gewächshaus mit einer Ausstellung über Umwelt und Regenwald, rundet ein unge-

035la Abb.: mb

The Huntington hat auch einen vielseitigen Botanischen Garten zu bieten

wöhnlicher Children's Garden – eine Art Lehrpfad für Kinder – den etwa 2 km langen Rundgang ab.

› 1151 Oxford Rd., San Marino, www.huntington.org, im Sommer tgl. außer Di. 10–17 Uhr, $ 25, am Wochenende $ 29, Parken gratis. Mit modernem Visitor Center, großem Laden und mehreren Lokalen (u. a. der schöne Rose Garden Tea Room). Die Anfahrt mit öffentlichen Nahverkehrsmitteln ist schwierig, da die nächste Bushaltestelle (Bus 267 „Del Mar Blvd. & Allen Ave.") ca. 3 km entfernt liegt.

Anaheim/ Orange County

Hätte Walt Disney nicht 1955 im Südosten von L.A. Disneyland bauen lassen, würde wohl kaum jemand die inzwischen zehntgrößte Stadt Kaliforniens, Anaheim, kennen. Damals konnte auch noch niemand ahnen, dass der Park zu einer der Hauptattraktionen des Staates werden würde.

Das von den deutschen Weinbauern Charles Kohler und John Frohling im späten 19. Jh. gegründete Anaheim war lange Zeit das Hauptweinanbaugebiet Kaliforniens, ehe Orangenhaine angelegt wurden und für einen neuen Boom sorgten. So wurde 1889 Orange County aus der Wiege gehoben, zu dem heute 34 Städte – darunter Anaheim, Buena Park, Garden Grove oder Santa Ana – gehören. Um die Jahrhundertwende hatten Bahn- und Schiffsverkehr zugenommen und sich aus dem Agrar- allmählich ein Handelszentrum entwickelt. Heute stehen an Stelle duftender Orangenhaine Industrieanlagen, Vergnügungsparks sowie zwei Sportarenen: Angel Stadium of Anaheim (Baseball) und Honda Center (Eishockey).

42 Disneyland ★★★

Seit 1955 leben in Disneyland die Heldenfiguren unserer Kindheit – in einer Kunstwelt, für die zugleich Sehenswürdigkeiten aus aller Welt und ferne Galaxien nachgebaut wurden. Hier begegnen großen und vor allem kleinen Besuchern Mickey Mouse, Goofy und all die anderen Comicfiguren aus Disneys Traumwelt.

Jährlich strömen Millionen von Besuchern nach Disneyland, den „happiest place on earth", wie Walt Disney ihn nannte, der sich mit dem Park einen Kindheitstraum erfüllt hatte. Auf die Frage, warum er einen Vergnügungspark baue, antwortete Disney kurz und bündig: „So etwas baue ich nicht, ich lasse ein Disneyland entstehen, den glücklichsten Platz auf Erden."

Der Komplex – als **Disneyland Resort** bezeichnet – ist mehrteilig: Im Norden befindet sich der „alte" **Disneyland Park**, im Süden das 2001 eröffnete **Disney's California Adventure** und zwischen beiden breitet sich **Downtown Disney** aus, ein frei zugängliches Fußgängerareal mit Läden, Restaurants und einem großen Hotel- und Resortkomplex am Westende.

Disneyland

Seit der Eröffnung sind aus bescheidenen 18 mehr als 60 Attraktionen geworden und am besten verschafft man sich zunächst während einer Fahrt mit dem beliebten Eisenbähnchen einen Überblick über das Areal. An den Bahnhof am Eingang schließt sich der Town Square an und hier beginnt die **Buena Vista Street** (früher: Main Street USA), ein Nachbau der fiktiven Hauptstraße einer amerikanischen Kleinstadt um 1900. Hier findet täglich am Spätnachmittag die „Parade of the Stars“ statt, zudem gibt es ein kleines Museum, das Walt Disney gewidmet ist, und ein Stehkino, in dem konstant Szenen aus beliebten Cartoons laufen.

Von der **Central Plaza** ausgehend sind die einzelnen Parkareale kreisförmig angelegt: Im **Adventureland** stehen exotische Regionen der Welt wie ein indischer Dschungel oder das „Indiana Jones Adventure“ im Mittelpunkt, während der **New Orleans Square** Besucher in die beliebte Südstaatenmetropole entführt. **Critter Country** ist etwas für die Kleineren, die spielerisch in die Welt des Waldes eintauchen können. Daran schließt sich **Star Wars: Galaxy's Edge** an. **Frontierland** widmet sich dem „Wilden Westen“ und seinen Pionieren, Cowboys und Indianern. Im Zentrum der Anlage steht jedoch **Fantasyland,** das berühmte Märchenland, das man durch das **Sleeping Beauty Castle,** das nachgebildete Schloss Neuschwanstein, betritt. Hier werden Szenen, Figuren und Lieder aus den beliebten Disney-Produktionen wie „Little Mermaid“, „Aladdin“, „Lion King“ oder „Pocahontas“ lebendig. Teil davon ist **Mickey's Toontown,** die in Kindergröße reduzierte Heimat von Mickey Mouse und seinen Freunden. Den Abschluss bildet schließlich **Tomorrowland,** das die Zukunft und ferne Planeten zum Thema hat.

In den einzelnen Abteilungen stehen die *rides* (Fahrgeschäfte), v. a. die Achterbahnen im Zentrum. Davor bilden sich oft lange Schlangen, aber auch die zahlreichen Imbisskioske und Souvernirläden sind stets umlagert.

036la Abb.: mb

Mit Mickey gelang Walt Disney der Durchbruch ...

037la Abb.: mb

... ehe er 1955 den ersten Vergnügungspark eröffnete ...

038la Abb.: mb

... in dessen „Fantasyland“ einem ein Schloss vertraut vorkommt

Disney California Adventure

Topmodern präsentiert sich der California Adventure Park, der 2001 eröffnet und 2012 u. a. um die „Buena Vista Street“ und das „Cars Land“ erweitert wurde. Viele der Attraktionen hier sind für Erwachsene mindestens ebenso spannend wie für Kinder. Wahrzeichen und beliebter Fotospot des Parks ist das markante Schriftzeichen **CALIFORNIA** am Zugang. Das gut 22 ha große Areal besteht aus drei Großbereichen, die sich an den Eingangsbereich mit einem verkleinerten Nachbau der Golden Gate Bridge anschließen.

Linker Hand befindet sich **Hollywood Land**, der Nachbau des Hollywood Boulevard mit dem Hyperion Theater, in dem Shows gezeigt werden. Daneben liegt als wohl interessantester Teil **Animation Academy**, wo die Entstehung von Cartoons erläutert wird. Man kann selbst aktiv werden und beispielsweise „seinen“ Disney-Charakter suchen oder eine Figurenabfolge für einen Trickfilm kreieren. Besonders beliebt sind etliche Shows zum Mitspielen bzw. Zuschauen, z. B. die Pixar Play Parade.

Rechts des Eingangsbereichs liegt der **Golden State** mit dem Felsmassiv **Grizzly Peak** im Zentrum, das sich bei genauerem Hinsehen als das kalifornische Wappentier, als Grizzly, entpuppt. Um und durch den künstlichen Berg führt der „Grizzly River Run“ eine Achterbahn, die zum Teil durch Wasser fährt. Ebenso lohnend ist in einem nachgebauten Flugzeughangar der IMAX-Film „Soarin' Over California“. Angeschnallt in Flugsitzen, glaubt man, selbst mit einem Gleitschirm über Kalifornien zu fliegen.

Am südlichen Ende des Parks liegt **Paradise Pier**, Mekka aller Mutigen, mit „King Triton's Carousel“, „California Screamin'“ – einer Achterbahn, die in 5 Sekunden eine Geschwindigkeit von fast 90 km/h erreicht – und dem Riesenrad „Sun Wheel“. „A bug's land“ schließlich präsentiert kleinen Gästen die Welt aus der Perspektive eines Käfers. Ein Bereich namens Cars Land bezieht sich auf den Disney/Pixar-Film „Cars“. Die Attraktionen wechseln ständig, werden „aktualisiert“ und an die jeweiligen Film- und Comic-Mode angepasst. Details gibt es auf der Webseite https://disneyland.disney.go.com/attractions.

Downtown Disney

Downtown Disney ist das Bindeglied zwischen beiden Parks und kostet keinen Eintritt. Eine **Monorail-Bahn** (Ticket nötig) verkehrt zwischen Downtown Disney Station und Disneyland (Tomorrowland). Mehrere **Themenrestaurants** wie Planet Hollywood oder das Rainforest Café sind hier zu finden, außerdem gibt es Entertainment im House of Blues.

Der Downtown Disney Marketplace bietet **Shops** aller Art und es gibt eine Brauerei, einen Kinokomplex sowie die **Downtown Disney LIVE Stage.** Unter den Läden ragt die riesige **World of Disney** auf über 3700 m² Fläche heraus, außerdem gibt es einen großen **LEGO Store.**

- **Disneyland,** 1313 Harbor Blvd./Santa Ana Fwy., Anaheim, die Öffnungszeiten variieren, meist tgl. 8–24 Uhr, die Preise variieren je nach Tag und Dauer des Aufenthalts, Details unter https://disneyland.disney.go.com/admission/tickets. Die Disneyland Mobile App (kostenlos für iOS und Android) hilft bei der Orientierung.
- Die **Monorail-Bahn** verbindet das Disneyland Hotel (s. S. 124), den Eingangsbereich (außen) und Tomorrowland (innen). Die **Disneyland Railroad** dreht eine große Runde durch Disneyland (innen) und hält

Walt Disney

Walt Elias Disney wurde am 5. Dezember 1901 als viertes von fünf Kindern in **Chicago** geboren. Der Vater war ein strenger, religiöser Bauer und Zimmermann, kämpfte konstant mit Geldproblemen und zog mit seiner vielköpfigen Familie mehrmals um. Ungeachtet der turbulenten Zeiten begann Walt schon als kleiner Junge zu zeichnen.Während des Ersten Weltkriegs als Angehöriger des Roten Kreuzes in Frankreich, beschloss er nach seiner Rückkehr, **Illustrator** zu werden – zu Anfang nicht sonderlich erfolgreich.

Disney zog an die Pazifikküste, wo ihm 1927 mit der Erfindung von **Mickey Mouse** erster kommerzieller Erfolg beschieden war. Die Figur, neben McDonald's oder Coca Cola **das amerikanische Symbol** schlechthin, kam von Anfang an beim Publikum an und gehörte bald zum Vorprogramm eines jeden Kinofilms.

Nach und nach dachte sich Disney weitere menschenähnliche Tiere aus. Er stellte Mickey die kokette **Minnie** zur Seite und im Laufe der Zeit wurden von ihm und seinen Mitarbeitern weitere Figuren wie **Donald Duck** und **Onkel Dagobert, Daniel Düsentrieb, die Panzerknacker, Pluto** oder **Goofy** kreiert.

Außer den bekannten Comicstrip- und Trickfilmgestalten zeichnete Disney auch die Vorlagen für **längere Filme** wie „Schneewittchen und die sieben Zwerge", der 1935 mit einem Einspielergebnis von $45 Mio. zum Megaerfolg wurde. Daneben interessierte er sich für **Natur und Tierwelt** und produzierte **Dokumentationen** wie „Die Wüste lebt" (1953) oder „Wunder der Prärie" (1954) und den Abenteuerfilm „20.000 Meilen unter dem Meer" (1954). Gleichzeitig reizte ihn die Idee, den Menschen mit Vergnügungsparks eine Flucht aus dem Alltagsleben zu ermöglichen. **Disneyland** wurde am 18. Juli 1955 eröffnet und der sich rasch einstellende Erfolg ermunterte Disney, sein Konzept auf Florida zu übertragen. **Walt Disney World Orlando** folgte 1971, **EPCOT** (Experimental Prototype Community of Tomorrow), die Verwirklichung von Disneys lange gehegten Zukunftsvisionen, 1982. Die Vollendung des Florida-Parks erlebte Disney nicht mehr: Am 7. November 1966 wurde der Kettenraucher wegen **Lungenkrebs** operiert und starb am 15. Dezember desselben Jahres.

Einen guten Überblick über Leben und Werk Disneys erhält man im von seiner Familie eingerichteten **Walt Disney Family Museum** in San Francisco (www.waltdisney.org).

Ein Visionär mit viel Talent: Walt Disney, hier mit Bruder Roy

110la Abb.: Walt Disney Archives

an allen Themenbereichen. **Shuttles** fahren vom Eingangsbereich zu den Parkplätzen und den Hotels im Umkreis.

› **Anfahrt und Parken:** Verschiedene Parkhäuser (https://disneyland.disney.go.com/guest-services/parking) sind ausgeschildert, wobei jenes mit „Theme Parks" das nächstgelegene ist (Gebühr: $ 30). Vom Parkplatz (Nummer merken!) gelangt man mit Shuttles zum Eingang. Mit öffentlichen Verkehrsmitteln ist die Anfahrt zeitaufwendig. Details zum Nahverkehr in Anaheim: https://rideart.org.

43 Knott's Berry Farm ★★

Knott's Berry Farm ist der älteste Vergnügungspark im Raum Anaheim, bezeichnet sich selbst als „America's Original Theme Park" – und ist in der Tat anders. Wie der Name schon sagt, geht der Komplex auf einen landwirtschaftlichen Betrieb, genauer eine Obstplantage, zurück. 1920 hatte Walter Knott begonnen, Boysenbeeren anzubauen und er eröffnete einen Beeren-Verkaufsstand. In den 1930er-Jahren kam eine Hühnerbraterei dazu und Knott kam auf die Idee, seinen Kunden dazu Unterhaltung zu bieten. Aufgrund seines Faibles für den Wilden Westen entstand 1940 zunächst **Ghost Town,** eine Goldgräberstadt mit Originalbauten von 1848. 1966 kam eine Schmalspurbahn hinzu und nach und nach entstand ein Vergnügungspark. 1983 eröffnete das heutige Markenzeichen des Parks, **Camp Snoopy,** und heute pilgern jährlich Millionen von Besuchern zu den Attraktionen – Achterbahnen u.a. „Rides", Shows und viele Vergnügungen in fünf großen Bereichen.

Obwohl die Achterbahn „Jaguar", ein Fahrgeschäft namens „Boomerang" und ein Katapult mit dem Namen „HammerHead" für unvergessliche Erlebnisse sorgen, wirkt der Park auf den ersten Blick „harmloser" als Disneyland. Dafür ist er stärker didaktisch und historisch orientiert und versucht, verschiedene Kulturen und Epochen des Westens unter dem Motto „something for everyone on a relaxed basis" zusammenzubringen. Auch hier gibt es ein frei zugängliches Shoppingareal: **Knott's California MarketPlace.** Lohnend für eine kulinarische Pause ist noch heute **Mrs. Knott's Chicken Dinner Restaurant,** das seit 1934 preiswerte Hühnerteile anbietet.

Das Herzstück des Parks ist **Ghost Town,** die seit 1998 eine Holz-Achterbahn namens **GhostRider** quert. Man kann in der Wildweststadt einen Dampfzug besteigen – **Ghost Town & Calico Railroad,** ein Original der Denver & Rio Grande Southern – oder in einer Postkutsche – einem original **Butterfield Stagecoach** – fahren. Goldwaschen, Stunt-Shows und die entsprechenden Läden und Attraktionen gehören ebenfalls dazu. In **Camp Snoopy** dreht sich alles um Charlie Brown, Snoopy und die restlichen „Peanuts". **Fiesta Village** steht synonym für die spanische Vergangenheit Kaliforniens und **Indian Trails** widmet sich dem Leben der Ureinwohner.

Gegenüber dem Park lockt im Sommer der Wasserpark **Knott's Soak City Water Park.** (8039 Beach Blvd, www.knotts.com/soak-city) die Besucher an.

› **Knott's Berry Farm,** 8039 Beach Blvd., Buena Park, www.knotts.com, im Winter tgl. 10–18 Uhr, in der Hochsaison länger, $ 65, auch kombiniert mit Parken und Essen ($ 80, große Parkplätze direkt am Park)

› **Details zum Nahverkehr in Anaheim:** https://rideart.org

LOS ANGELES ERLEBEN

003la Abb.: mb

Los Angeles für Kunst- und Museumsfreunde

25 [f7] **Academy Museum of Motion Pictures,** 6067 Wilshire Blvd., www.academymuseum.org. Das „Oscar-Museum" ist interessant für alle Filmfans, dazu gibt es zwei Kinos und eine Aussichtsterrasse (s. S. 35).

31 [dh] **California African American Museum,** 600 State Dr./Exposition Park, https://caamuseum.org, Mi.–Sa. 10–17, So. 11–17 Uhr, Eintritt frei, Parken: 39th/Figueroa St., $ 15, Metro Expo Line bis „Expo Park/USC". 1977 ins Leben gerufene Sammlung moderner Kunst, historischer Dokumente und Fotos. Vor allem Wechselausstellungen mit Bezug auf afroamerikanische Themen.

15 [dh] **California ScienCenter.** Großartiges naturwissenschaftliches Museum mit vielen Ausstellungsstücken zum Ausprobieren und Spielen (s. S. 25).

27 [f7] **Craft Contemporary.** Sehenswerte Wechselausstellungen zu verschiedensten Themen und unterschiedlichsten Kulturen (s. S. 36).

32 [B6] **FIDM Museum & Galleries,** 919 S Grand Ave., https://fidmmuseum.org, Di.–Sa. 10–17 Uhr, Eintritt frei, mit Shop. Ausstellung des Fashion Institute of Design & Merchandising: Kostüme, Textilien und Accessoires vom 18. Jh. bis heute.

33 [bg] **Fowler Museum at UCLA,** North Campus, 308 Charles E. Young Dr. N, https://fowler.ucla.edu, Mi.–So. 12–17 Uhr, Eintritt frei. Kulturhistorisches Universitätsmuseum zur Kunst und Kultur von Afrika, Asien, dem Pazifikraum und Amerika.

26 [f7] **George C. Page Museum.** Geologie und Fossilien der Region, mit La Brea Tar Pits im Hancock Park (s. S. 36).

12 [A7] **GRAMMY Museum at L.A. LIVE.** Alles über Geschichte und Gewinner des legendären Musikpreises, mit kleiner Konzertbühne (s. S. 22).

34 [h2] **Guinness World of Records Museum,** 6764 Hollywood Blvd., www.guinnessmuseumhollywood.com, tgl. 9–24 Uhr, $ 30 (inkl. Hollywood Wax Museum). Rekorde über Rekorde …

35 [bg] **Hammer Museum,** 10899 Wilshire Blvd., https://hammer.ucla.edu, Di.–So. 11–18 Uhr, Eintritt frei. Mit UCLA Grunwald Center for the Graphic Arts, einer Sammlung zeitgenössischer Kunst der Armand Hammer Collection, Murphy Sculpture Garden und Daumier-Sammlung. Hervorragender *bookstore* und Café.

19 [h2] **Hollywood Museum.** Alles zur Unterhaltungsindustrie und ihren bekanntesten Filmen. Ein Muss für Filmfreunde (s. S. 29).

36 [h2] **Hollywood Wax Museum,** 6767 Hollywood Blvd, tgl. 9–24 Uhr, $ 30 (inkl. Guinness World Records Museum), www.hollywoodwaxmuseum.com. Filmstars in Wachs.

37 [dh] **Institute of Contemporary Art L.A. (ICA LA),** 1717 E 7th St., www.theicala.org, Mi., Fr. 12–18, Do. 12–19, Sa./So. 11–18 Uhr, Eintritt frei. Das ehemalige Santa Monica Museum of Art hat unter neuem Namen im Arts District eine Heimat gefunden. Gezeigt wird zeitgenössische, regionale Kunst.

MEIN TIPP

Free days at museums

Unter www.discoverlosangeles.com/things-to-do/discover-free-museums-in-los-angeles findet sich der „Free Museum Guide". Dort sind die Tage und Zeiten aufgeführt, an denen bestimmte Museen **freien oder ermäßigten Eintritt** bieten.

Vorseite: Der Sonnenstaat Kalifornien heißt seine Besucher willkommen

112la Abb.: mb

M 38 [D2] **Italian American Museum of Los Angeles,** 644 N Main St., http://iamla.org, Di.–So. 10–15 Uhr, Eintritt frei. 2016 eröffnetes Museum in der historischen Italian Hall von 1908 im El-Pueblo-Viertel. Ehemaliger Treff der großen italienischen Gemeinde. Dauerausstellung von der frühen Besiedelung über die große Zuwanderung bis zur Bedeutung der Italiener in Hollywood, zu Traditionen und Kultur. Außerdem Wechselausstellungen.

M 39 [D3] **Japanese American National Museum (JANM),** 100 N Central Ave., www.janm.org, Di./Mi., Fr.–So. 11–17 Uhr, Do. 12–20 Uhr, $ 16 (Do. 17–20 Uhr sowie am 3. Do. im Monat ganztägig Eintritt frei). Rolle, Geschichte und Bedeutung der japanischen Immigranten in den USA, dargestellt anhand einer Sammlung von über 60.000 Artefakten, Dokumenten und Fotos. Sehenswerte Wechselausstellungen und interessanter Museumsladen (viele Artikel aus Japan).

24 [f7] **LACMA (Los Angeles County Museum of Art).** Kulturgeschichtliches Museum mit antiker (griechisch-römischer), afrikanischer, lateinamerikanischer/präkolumbischer und asiatischer Kunst, Textilien sowie moderner europäischer und amerikanischer Kunst (s. S. 34).

M 40 [ef] **Los Angeles Police Museum,** 6045 York Blvd., www.laphs.org, nach Voranmeldung Di., Do. 10–14 Uhr, $ 10. Ausstellung zur Geschichte und Arbeitsweise des LAPD.

M 41 [h2] **Madame Tussauds Hollywood,** 6933 Hollywood Blvd., www.madametussauds.com/hollywood, mind.

Museumstickets

So gut wie alle größeren Museen (und auch einige kleinere) fordern eine vorherige Reservierung von **„time-framed tickets“** (zeitgebundenen Tickets) – auch wenn der Eintritt gratis ist.

Museumgebäude des LACMA von Renzo Piano, davor moderne Skulpturen 24

113la Abb.: mb

11–18 Uhr, $ 33 (auch Kombitickets mit anderen Hollywood-Museen). Filiale des weltbekannten Wachsfigurenmuseums.

M**42** [cg] **Marciano Art Foundation (MAF),** 4357 Wilshire Blvd., https://marcianoartfoundation.org, Di.–Sa. 12–18 Uhr, Eintritt frei, aber Vorbestellung zeitgebundener Tickets nötig. Privatsammlung in ehemaligem Scottish Rite Masonic Temple. Zeitgenössische Kunst der GUESS-Gründer Paul und Maurice Marciano. Rund 1500 Objekte aller Genres, großteils aus den 1990er-Jahren und auch von jungen, weniger bekannten Künstlern. Wechselausstellungen, Café und *bookstore.*

10 [B4] **MOCA (Museum of Contemporary Art).** Hochkarätige Sammlung amerikanischer und europäischer moderner Kunst in wechselnden Ausstellungen (s. S. 20).

M**43** [D3] **MOCA Geffen,** 152 N Central Ave., www.moca.org/visit/geffen-contemporary, Di., Mi., Fr. 11–17, Do. bis 20, Sa./So. bis 18 Uhr, $ 18 (gilt auch im MOCA **10**). Wechselausstellungen in einer früheren Polizeigarage in Little Tokyo.

› **Museum of Latin American Art (MoLAA)** (s. S. 49). 1996 gegründetes einziges Museum mit Fokus auf moderne und zeitgenössische lateinamerikanische Kunst.

M**44** [df] **Museum of Neon Art (MONA),** 216 S. Brand Blvd. Glendale, Do.–Sa. 12–19, So. 12–17 Uhr, $ 10, www.neonmona.org. Einzigartiges Museum, das sich Neonschildern und -beleuchtungen als Kunstmedium widmet und zahlreiche historische Schilder aufbewahrt. Zu ausgewählten Terminen auch „Neon Cruise“-Touren im Doppeldeckerbus zu legendären Neonbeleuchtungen.

31 [bg] **Museum of Tolerance.** Sehenswertes „Holocaust-Museum“ zur Dokumentation und Erforschung von Rassenhass und Vorurteilen (s. S. 39).

14 [dh] **Natural History Museum of L.A. County (NHM).** Riesiges Naturkundemuseum mit langer Geschichte und interessanten Abteilungen mit Dinosauriern (s. S. 23).

M**45** [ef] **Norton Simon Museum,** 411 W Colorado Blvd., Pasadena, www.nortonsimon.org. Mo., Do., Fr., So. 12–17, Sa. 12–19, $ 15. Schwerpunkt dieser umfangreichen privaten Kunstsammlung ist europäische Kunst vom 14. bis zum 19. Jh. Außerdem gibt es einen schönen Skulpturenpark.

28 [f7] **Petersen Automotive Museum.** Informationen über das Straßensystem und dessen Bedeutung für Bevölkerung und Stadt, aber auch eine Ausstellung mit über 150 seltenen Autos, Trucks und Motorrädern (s. S. 37).

M**46** [h2] **Ripley's Believe It Or Not! Odditorium,** 6780 Hollywood Blvd., tgl. 10–22/23 Uhr, $ 26 (auch Kombitickets), www.ripleys.com/hollywood. Hier gibt es Unglaubliches und Kurioses.

M**47** [d4] **Schindler House,** 835 N Kings Rd., West Hollywood, http://makcenter.org, Mi.–So. 11–18 Uhr, $ 10. Zugehö-

Gene Autry, der singende Cowboy, verewigt vor seinem Museum **39** *im Griffith Park*

rig sind die Mackey Apartments und das Fitzpatrick-Leland House. Der Architekt R.M. Schindler (1887–1953) aus Wien, ein Schüler F. L. Wrights, baute 1920 das Hollyhock House 21 und dann 1922 sein eigenes Haus sowie einige andere in Silver Lake.

M 48 [af] **Skirball Cultural Center,** 2701 N Sepulveda Blvd., www.skirball.org, Di.–Fr. 12–17, Sa./So. 10–17 Uhr, $ 12 (Do. Eintritt frei). Sehenswertes, modernes jüdisches Kulturinstitut, in dem ethnische und kulturelle Identität im Vordergrund steht. Viel Multimedia, Wechselausstellungen und Programme. Höhepunkt ist eine künstlerisch nachgebaute Arche Noah von Moshe Safdie (zeitgebundene Tickets!).

39 [df] **The Autry.** Eindrucksvolles Museum, das sich der Westernkunst, Cowboys und den indigenen Völkern der Region widmet (s. S. 50).

9 [B4] **The BROAD.** Spektakuläres Museum für zeitgenössische Kunst mit grandioser Architektur (s. S. 20).

33 [ag] **The Getty Center.** Schwerpunkt ist europäische Kunst verschiedener Genres, präsentiert in sehenswerter moderner Architektur, umgeben von Gärten und mit tollem Ausblick (s. S. 40).

34 [ag] **The Getty Villa.** Kunst und Kultur der Antike (Griechen, Etrusker, Römer), präsentiert in einer nachgebauten römischen Villa (s. S. 42).

41 **The Huntington Library, Art Museum, and Botanical Gardens.** Kunstsammlung, Bibliothek und die sehenswerten Gartenanlagen bilden ein Gesamtkunstwerk (s. S. 53).

M 49 [bh] **Wende Museum @ The Armory,** 10808 Culver Blvd., Culver City, https://wendemuseum.org, Fr.–So. 10–17 Uhr, Eintritt frei. Ein ungewöhnliches Museum, das sich der Zeit des „Kalten Krieges“ zwischen 1949 und 1989 sowie der „Wende“ in Ostdeutschland widmet.

Galerien

Die Kunstszene von L.A. macht New York Konkurrenz – auch, was die Preise angeht. Gehäuft gibt es in Downtown Galerien in **Chinatown** (Chung King Rd.), in der **Gallery Row** (Main–Spring St., 2nd–9th St.) und am **Wilshire Blvd.** (Miracle Mile). **West Hollywoods** Kunstszene konzentriert sich auf die Kreuzung Melrose Ave./N Robertson Blvd. und den 6000er- bis 6800er-Block der Melrose Avenue. Daneben lohnen **Santa Monica** und ganz besonders der **NoHo Arts District** (https://nohoartsdistrict.com) und der **Downtown Arts District** (https://artsdistrictla.org).

G 50 [bh] **Bergamot Station,** 2525 Michigan Ave., Santa Monica. Rund 30 Galerien in einen ehemaligen Trambahnbahnhof (https://bergamotstation.com). Zweimal jährlich finden hier zudem die Santa Monica Auctions (www.smauctions.com) statt.

Street Art

Nicht nur **Museen** wie die Getty Museen (33, 34), das LACMA 24, das Norton Simon Museum (s. S. 62) oder der Franklin D. Murphy Sculpture Garden der UCLA 32 verfügen über „Kunst im Freien“, auch auf vielen **öffentlichen Plätzen** wie der American Plaza (Four Arches, Alexander Calder), dem Wells Fargo Center Court (Le Dandy, Jean Dubuffet) oder am California Market Center (Hammering Man, Jonathan Borofsky) sowie in vielen Metro-Stationen (s. S. 17) findet sich Kunst. Darüber hinaus gilt L.A. als Zentrum der **Mural Art.** Die größte Konzentration findet sich im Arts District 5, geballt um E 4th Place.

› Infos und Karte: www.la-artsdistrict.com

Los Angeles für Architekturinteressierte

Los Angeles hat eine große Bandbreite an sehenswerter Architektur vom späten 19. Jh. bis zu zeitgenössischen Bauten zu bieten und es hat sogar in einigen Bereichen Kunstgeschichte geschrieben.

Vom **alten Kern der Stadt** aus dem 18. Jh. ist nicht viel übrig, die Olvera Street ist heute in erster Linie eine Touristenattraktion mit ein paar historischen Häusern aus dem 19. Jh. Zu Beginn des 20. Jh. machte L.A. erstmals architektonisch von sich Reden: Der **Bungalow Style**, aufgebracht von den Brüdern **Charles und Henry Greene**, bildete ein Gegengewicht zu den damals vorherrschenden historisierenden Baustilen. Voluminöse Formen und ein neues Raumerlebnis, natürliche Materialien – besonders Holz und Glas – und handwerklich solide Techniken („Craftsman Style") rückten in den Vordergrund. Beeinflusst wurde diese Entwicklung von dem „uramerikanischen" Baumeister **Frank Lloyd Wright** und seinen 1893 bis 1910 entstandenen „Prairie Houses". Die Greenes schufen in L.A. unverwechselbare, an Landschaft und Kundenwünsche angepasste Bungalows, z. B. das **Gamble House** in Old Pasadena 40 von 1908. Auch Rudolph Schindler, ein Schüler Wrights, schuf moderne Bungalows, wie sein Wohnhaus in West Hollywood belegt (s. S. 62).

Daneben florierte in den 1920er-Jahren der **Spanish Style** und es entstanden Hacienda-artige Bauten, malerische Kombinationen von Bogengängen, Türmchen, Balkonen und Patios mit Gitterfenstern und schweren Holztüren. Ein Beispiel ist die **Villa Aurora** (s. S. 43) von 1928 in Pacific Palisades. Etwa gleichzeitig wuchs mit der Blüte Hollywoods der Eklektizismus in der Architektur und Fantasiehäuser wie das **Spadena House** in Beverly Hills (Walden Dr./Carmelita Ave.) entstanden. Auch „Hansel & Gretel House" genannt, war es 1921 als *movie set* (Filmkulisse) erbaut, dann versetzt und als Privathaus genutzt worden. Vor allem aber belegen die **Theater** entlang dem Hollywood Blvd. den ausgefallenen Geschmack der Filmszene.

Mit dem Bevölkerungswachstum und dem wirtschaftlichen Aufschwung der Stadt in den 1920er-Jahren ging die Entstehung repräsentativer **öffentlicher Bauten in Historic Downtown** einher. Sie wurden meist im eleganteren, konservativen Beaux-Arts-Stil (klassizistisch) oder im damals moderneren Art déco geplant. Die **Central Library** (630 W 5th St.) von 1926 präsentiert sich ägyptisierend-mediterran und wird von einem Pyramidendach gekrönt. Art déco verkörpert hingegen die 1928 eröffnete **City Hall** 6, die bis 1964 als höchstes Gebäude Kaliforniens galt, ebenso das **Bullocks Wilshire** (3050 Wilshire Blvd.), ein Kaufhaus von 1929.

Während der Depression in den 1930er-Jahren schwand die Extravaganz und Art déco ging in einen schlichteren **New World Streamline Style** über. Robert Derrahs **Coca-Cola Bottling Plant** von 1937 (1334 Central Ave.) wirkt wie ein Ozeankreuzer und die **Union Station** 2 von 1939 vereint Streamline und altmodischen Spanish-Revival-Stil.

Nach dem Krieg entstanden neue, durch Freeways erschlossene Vororte *(suburbs)*. Wohnraum – v. a. Mehrfamilienhäuser (sogenannte **low-cost houses**) – für die wachsende (mexikanische) Stadtbevölkerung wurde gebraucht. Unter Frank L. Wrights Einfluss entstand neben solcher Zweckarchitektur in den 1950er-/1960er-Jahren aber auch **wegweisende moderne Architektur**, z. B. 1949 das **Eames House** (203 Chautauqua Blvd., Pacific Palisades) von Charles und Ray Eames. Schon 1939 war John Lautner, ein Schüler Wrights, nach Los Angeles gekommen und hatte mit sogenannter **Googie-Architektur** für Aufsehen gesorgt.

Angeregt durch das 1932 von den Architekten Henry-Russell Hitchcock und Philip Johnson verfasste Manifest **„The International Style"** machte sich auch in L.A. ein moderner, schlichter und funktioneller Universalstil aus Stahl und Glas breit. Das **Bonaventure Hotel** (404 S Figueroa St.) von 1976 mit seinen fünf kupferglänzenden Zylindern ist ein Beispiel dafür. Erstmals Widerspruch gegen die modernistischen steril-glatten Stahl-Glas-Türme formulierte 1972 Robert Venturi in dem Pamphlet **„Learning from Las Vegas".** Michael Graves und Henry Moore, später auch Philip Johnson selbst, griffen Venturis Ideen auf – Folge war die sogenannte **Postmoderne.** Historische Stile wurden wieder salonfähig, allerdings auf neue, kreative Art und Weise kombiniert mit modernen Elementen. Ein Musterbeispiel ist das **Team Disney Building** (1985–1991) in Burbank von Graves mit sieben Zwergen als Gebälkstützen nach antikem Vorbild.

Ein wichtiges städtebauliches Projekt war **Bunker Hill.** 1973 wurde hier der **erste echte Wolkenkratzer,** das über 60-stöckige First Interstate Building, später **Aon Center,** fertiggestellt. **Der U.S. Bank Tower (Library Tower)** mit 310 m folgte 1990. Er gilt als höchstes Gebäude an der Westküste und stammt von I.M. Pei. Bunker Hill erstreckt sich entlang der 3rd Street, nahe Pershing Square. Heute markieren Wells Fargo Center, One und Two Cal Plaza sowie die Concert Hall und das Museum The BROAD 9 den Hügel, wobei die Mehrheit der *skyscraper* in den 1980er-Jahren entstand, nachdem die alten Wohnhäuser abgerissen worden waren.

Allmählich wurden auch **Museumsbauten** zur wichtigen Bauaufgabe: Nachdem 1983 das **Geffen Contemporary** (MOCA Geffen, s. S. 62) – ein altes Lagerhaus – von Frank Gehry umgebaut worden war, entwarf 1987 der Japaner Arata Isozaki das **Museum of Contemporary Art** 10. 1996 eröffnete das **Paley Center for Media** (inzwischen geschlossen) von Richard Meier, berühmter wurde der aus Toronto stammende Architekt jedoch mit dem **Getty Center** 33 (1997).

Dem ersten Teil des **LACMA** 24 von Renzo Piano von 2010 wird gerade ein Neubau des Schweizer Architekten Peter Zumthor hinzugefügt. Charakteristisch sind die fließenden Übergänge zwischen Innen und Außen, wie sie auch beim im Bau befindlichen **Lucas Museum of Narrrative Art** (s. S. 23) im Exposition Park zu finden sind: Das

Die Glaskonstruktion des Academy Museum 25 *beherbergt eine Terrasse mit Ausblick*

Wegweisendes Architekturprojekt

Tiny Home Villages, geplant von Lehrer Architects und unterstützt vom Bureau of Engineering for the City of Los Angeles, sind ein Versuch, das Problem der vielen „homeless people" (Obdachlosen) in L.A. anzugehen. An die 70.000 sollen es im L.A. County sein, von denen mindestens ein Fünftel auf der Straße lebt und ein großer Teil mit Drogenproblemen und psychischen Krankheiten zu kämpfen hat.

Im Januar 2023 rief Bürgermeisterin Karen Bass wegen der „Homeless Crisis" den „State of Emergency", den Notstand aus, um damit staatliche Hilfen in Anspruch nehmen zu können. Das Problem besteht bereits länger (und nicht nur in L.A.), hat sich jedoch in den letzten Jahren verschärft. Bass setzt zunächst auf Übergangslösungen wie die Einquartierung in Hotels oder andere leerstehende Bauten sowie auf die Errichtung von Provisorien wie eben Tiny Homes. Langfristig ist es das Ziel, dauerhafte Wohnungen für Homeless People zu finden.

Tiny Home Villages auf aufgelassenen Grundstücken aus vorgefertigten Paletten sind als vorübergehende Wohnlösung entstanden bzw. in der Entstehung. Das Chandler Boulevard Bridge Home Village, gegenüber dem North Hollywood Park, ist eine solche Siedlung. Farbige Akzente an den Häuschen sollen Individualität schaffen und es gibt gemeinsam genutzte Flächen, die Kontakte ermöglichen sollen. Knapp zwei Meilen nördlich befindet sich das Alexandria Tiny Homes Village für bis zu 200 Einwohner, das Alvarado Tiny Homes Village in Silver Lake/Echo Park ist gerade auf einem früheren Parkplatz in Bau.

› Info: www.archdaily.com/980255/how-lehrer-architects-are-dealing-with-homelessness-in-los-angeles

Design der auf Stützen stehenden ovalen „Unterteller" stammt vom chinesischen Büro MAD Architects.

Das neue **Academy Museum of Motion Pictures** 25 besteht aus dem historischen Saban Building – einem Kaufhaus aus dem Jahr 1939 – und der neuen „Sphere" (Theater und Aussichtsterrasse) von Renzo Piano. Gegenüber fällt der rote Gebäudekomplex des **Petersen Automotive Museum** 28 ins Auge. Der Bau von Kohn Pedersen Fox Associates ist von geschwungenen Edelstahlbändern umhüllt, die abstrakt einen Rennwagen nachbilden.

Zum **Revival von Downtown L.A.** trug bei, dass Bürogebäude aus dem frühen 20. Jh. in Apartmentbauten umgewandelt wurden. Außerdem entstanden neue Wohntürme, v. a. in South Park nahe der Crypto.com Arena (s. S. 118) und im Zusammenhang mit dem Entertainmentkomplex **L.A. LIVE** 12. Die spektakuläre **Walt Disney Concert Hall** 8 von Gehry (2003), der Museumsbau **The BROAD** 9 von Diller Scofidio + Renfro, der im Herbst 2015 nebenan eröffnet hat, L.A. LIVE (2007–2010), ein Komplex kubistisch-anmutender, moderner Bauten verschiedener Architekten, sowie der PDC-Campus in West Hollywood von Caesar Pelli sind jüngere Beispiele. Die 2002 eröffnete **Cathedral of our Lady of the Angels** 7 vom Reißbrett José Rafael Moneos passt als moderne Kathedrale in diese neue Ära.

Los Angeles für Genießer

Die Vielfalt der Restaurants in L.A. ist groß und reicht von moderner französischer über südländisch inspirierte amerikanische bis hin zu europäischer Küche.

Es gibt **mehrere Zentren**, in denen geballt Restaurants zu finden sind, z. B. **Downtown, Hollywood** und die **Westside.** Für den **preiswerten Imbiss** ist in Downtown der Broadway ideal, v. a. der **Grand Central Market** 11, wo es Tortillas, Burritos u. Ä. supergünstig gibt. Auch Old Town ist für Mexikanisches bekannt, allerdings ist es dort teurer. **Little Tokyo** 4 ist perfekt für einen asiatischen Imbiss wie z. B. eine Nudelsuppe und schickere kleine Restaurants und Cafés sind im **Fashion District** 13 oder im Arts District 5 zu finden. Im Fairfax District bietet der L.A. Farmers Market (s. S. 36) eine Vielzahl von Ständen mit Essen und Trinken.

Sofern nicht anders angegeben, sind die unten gelisteten Lokale täglich **zum Mittag- und Abendessen geöffnet.** Falls eine **Reservierung** sinnvoll ist, wurde eine Telefonnummer angegeben, meist kann jedoch auch über die Website reserviert werden. Gelegentlich gibt es keine Speisekarten mehr, sondern QR-Codes, mit Hilfe derer ausgewählt, bestellt und oft auch kontaktlos bezahlt wird.

Eine Restaurantauswahl mit Tipps findet sich unter:

› https://la.eater.com
› www.discoverlosangeles.com/eat-drink

Restauranttipps

Fine Dining

51 [d4] **Sushi Ginza Onodera LA** $$$$, 609 La Cienega Blvd, West Hollywood, Tel. 323 4334817, www.sushiginzaonoderala.com, tgl. zwei Dinner-Termine: 17/19.30 Uhr. Japanischer Genusstempel, der zwar seinen Preis hat, dafür aber einzigartig ist. Fisch und Meeresfrüchte kommen dreimal wöchentlich frisch vom Tokyo Tsukiji Markt und der Chef bestimmt das Menü.

Amerikanisch-kalifornische Küche

52 [i2] **Musso & Frank Grill** $$-$$$, 6667 Hollywood Blvd., Tel. 323 4677788, https://mussoandfrank.com, Di.–Sa. 17–23, So. 16–22 Uhr. Seit 1919 betriebenes ehemaliges *Hollywood Clubhouse,* in dem u. a. schon William Faulkner, Charlie Chaplin oder Marilyn Monroe saßen. Fleisch und Fisch, amerikanische Klassiker, gute Cocktails, v. a. Martinis, an der Mahagony-Bar.

53 [B4] **Nick & Stef's** $$$, 330 S Hope St., Tel. 213 6800330, www.patinagroup.com/nick-and-stefs-steakhouse-la, Di.–Do. Lunch und Dinner, sonst nur Dinner. Im Wells Fargo Center, mitten im geschäftigen Downtown, versteckt sich

115la Abb.: mb

› *Spätes Frühstück oder früher Lunch: z.B. mit Lachstoast im Urth Caffe (s. S. 72) in West Hollywood*

Preiskategorien

Annäherungswert für ein Abendessen ohne Getränk, Trinkgeld und Mehrwertsteuer. Lunch (Mittagessen) ist oft günstiger.

$	unter $ 20
$$	$ 20–35
$$$	über $ 35

dieses Steakhouse, das zu den besten der Stadt zählt. Viele Steaks aus dem eigenen „Aging Room" – für L.A. nicht einmal überteuert.

54 [dg] **The Black Cat** $$$, 3909 Sunset Blvd., www.theblackcatla.com, Mo.–Do. 16–2, Fr.–So. 14–2 Uhr, wochentags 16–18 Uhr Happy Hour. Aus der legendären *gay bar* von 1966 ist ein beliebter Gastropub geworden. Abgesehen von einer großen Bierauswahl gibt es schmackhafte Gerichte wie Beef Cheek Tacos, Vegetable Lasagnette oder Corn Pudding.

55 [a6] **The Farm of Beverly Hills** $$, 439 N Beverly Dr., Beverly Hills, Tel. 310 2735578, www.thefarmofbeverlyhills.com, Frühstück, Brunch und Lunch (tgl. 8–15 Uhr). Innovative amerikanische Küche. Bevorzugt farmfrische Zutaten, z. B. Salate, Wraps oder Burger, vieles mit Huhn oder vegetarisch.

Mexikanische Küche

56 [Seite 45] **Chulita** $-$$, 533 Rose Ave., Venice, www.chulita.com. Freundliches Taco-Lokal, spezialisiert auf „Botanas y Mezcales" (eine Art Tapas und Mescal). Dazu authentisch mexikanische Küche aus dem Bundesstaat Oaxaca, auch Vegetarisches.

57 [cg] **El Cholo** $$, 1121 S Western Ave., Tel. 323 7342773, www.elcholo.com. Relativ bodenständiger und preiswerter Mexikaner in Hollywood mit Terrasse und Bar. Serviert seit 1927 Tacos und legendäre Margaritas, große Portionen. Weitere Filialen siehe Website.

58 [dh] **Guerrilla Tacos** $-$$, 2000 E 7th St., Tel. 213 3753300, www.guerrillatacos.com. Chef Wes Avila startete mit einem Food Truck, inzwischen betreibt er das Lokal im Arts District. Ausgebildet in Kalifornien und Frankreich bietet er Tacos mit einem „Twist" und aus regionalen Produkten.

59 [E4] **LA Cha Cha Chá** $$, 812 E 3rd St., https://chachacha.la, Di.–Do. Dinner, Fr.–So. auch Lunch. Das Hauptrestaurant befindet sich in Mexico City und entsprechend authentisch ist auch hier die Speisekarte.

60 [B4] **Pez Cantina** $$-$$$, 401 S Grand Ave., Tel. 213 2582280, www.pezcantina.com, Mo. geschlossen, So. nur Lunch, Sa. auch Brunch. In Bunker Hill (Downtown) gibt es „Coastal Mexican Cuisine" mit viel Fisch und Meeresfrüchten in unkompliziertem Ambiente.

Mediterrane Küche

61 [B6] **Bottega Louie Restaurant & Market** $$, 700 S Grand Ave., Tel. 213 8021470, www.bottegalouie.com. Restaurant und Patisserie mit kleiner Bar, v. a. kommt man zum Frühstück bzw. Brunch speziell wegen des frischen Backwerks hierher. Ansonsten Pizza, Pasta, Salate und Sandwiches und So. 9–15 Uhr Brunch.

62 [h4] **Chi Spacca** $$$, 6610 Melrose Ave., Tel. 323 2971133, www.chispacca.com, tgl. Dinner. Spezialisiert auf Wurstwaren (Salami) und Fleisch, z. B. tolle Burger! Köchin Nancy Silverton setzt auf nachhaltige Praktiken und Produktion, ethische und ökologische Standards sowie Abfallvermeidung. Sie betreibt auch die Osteria Mozza.

63 [b6] **Il Cielo** $$-$$$, 9018 Burton Way, Beverly Hills, Tel. 310 2769990, www.ilcielo.com, Di.–So. Dinner, Sa., So. 11–14.30 Uhr auch Brunch, Di.–Fr.

16–19 Uhr Happy Hour. „Country Restaurant in the City“ – klassischer Italiener mit herzhafter Küche und einfachen, aber qualitativ hochwertigen, frischen Ingredienzien. Besonders empfehlenswert: Pasta, Foccacia und Antipasti.

64 [h4] **Osteria Mozza** $$-$$$, 6602 Melrose Ave., Tel. 323 2970100, www.osteriamozza.com. Schwerpunkte hier sind Mozarella, Antipasti und Pasta. Dazu gute Weinkarte.

Asiatische Küche

65 [ef] **Edwin Mills by Equator** $$-$$$, 22 Mills Place, Old Pasadena, Tel. 626 5648656, http://edwinmills.com, Mo.–Fr. ab 15 Uhr, Sa./So. ab 11 Uhr *(weekend brunch)*, außerdem Happy Hour. Asiatisches Restaurant mit ungewöhnlichen Kreationen in den ehemaligen Stallungen der Polizeistation.

66 [dh] **kodō** $$$, 710 S Santa Fe Ave., Tel. 213 3022010, Mi.–So. Dinner. Japanisches Restaurant im Arts District. Omakase, Sushi etc. – sehr authentisch, aber auch teuer.

67 [dg] **The Dragon** $-$$, 966 S Vermont Ave., Tel. 213 3878833, http://thedragonla.com. Alteingesessenes Lokal in Koreatown mit günstigen Mittagsmenüs.

68 [dh] **Yangban Society** $$, 712 S. Santa Fe Ave., https://yangbanla.com, tgl. 17.30–mind. 22 Uhr. Koreanische, kalifornisch inspirierte Küche. Zugehörig: Yangban Super (koreanische u. a. Lebensmittel) im Arts District.

69 [E4] **Yunomi Handroll** $-$$, 806 E. 3rd St., https://yunomihandroll.com. Sushi-Restaurant im Arts District mit sehr guter Bierauswahl! Bekannt für Handrolls, einzeln oder im Set.

Fischküche

70 **Gladstone's** $$, 17300 Pacific Coast Hwy., Malibu, https://gladstones.com, tgl. 11–20 Uhr. Hier gibt es fangfrisches Meeresgetier aller Art, frisch auf dem Holzkohlegrill zubereitet, schön zum Sitzen im Freien mit Meerblick.

71 [B5] **Water Grill** $$-$$$, 544 S Grand Ave., Tel. 213 8910900, www.watergrill.com. Bestes Seafood-Lokal der Stadt, eher teuer; Filiale an der Ocean Ave. von Santa Monica.

MEIN TIPP

Eine Welt, viele Küchen

Flavors from Afar ist ein von Flüchtlingen und Asylbewerbern betriebenes Lokal. „Refugee Chefs“ aus verschiedensten Ländern wechseln sich in der Küche ab. Initiator war ein ehemaliger Flüchtling, der die Tiyya Foundation gründete. 40 % des Restaurant-Erlöses fließen zurück in die Stiftung.

75 [cg] **Flavors from Afar** $-$$, 1046 S Fairfax Ave. (Little Ethiopia), Tel. 323 8799778, www.flavorsfromafar.co Mi. 16–21, Do.–So. 12–21 Uhr

Weltküche

72 [ch] **Ackee Bamboo** $$, 4305 Degnan Blvd., https://ackeebamboo.com, Di.–Do. 11–20, Fr., Sa. 11–21, So. 11.30–18 Uhr. Familienbetrieb in Leimert Park. Seit fast 20 Jahren gibt es jamaikanische Küche – kreativ, schmackhaft und preiswert. Lohnend sind v. a. die Daily Specials.

73 [dg] **All Day Baby** $$, 3200 W Sunset Blvd., Silver Lake, www.alldaybabyla.com, Mi.–So. 9–15 Uhr. Moderner Diner, der mexikanische und kalifornische Küche kreativ kombiniert. Am Abend wandelt sich das Lokal in das „Tet-a-Tet“ (Mi.–Sa. 18–22 Uhr.) mit vietnamesischer Karte. Filiale in Koreatown: www.hereslookingatyoula.com.

74 [dg] **Bavel** $$$, 500 Mateo St., Tel. 213 2324966, https://baveldtla.com, tgl. Dinner. Ori Menashe und Genevieve Gergis zaubern dank ihrer israelischen, marokkanischen, türkischen und ägypti-

Meine Tipps

Essen mit Ausblick

- **Gladstone's** (s. S. 69). Seafood an der Waterfront von Long Beach.
- **Restaurant at the Getty** (s. S. 41). Gediegene Atmosphäre und Blick auf die Stadt und die Santa Monica Mountains.
- **Rose Garden Tea Room,** The Huntington 41. Tee und Teegebäck, Sandwiches und Salate in viktorianischem Ambiente mit Blick auf den Rosengarten.
- **Cabra.** Peruanische Sterneküche auf dem Dach des Hoxton-Hotels (s. S. 123).

Lecker vegetarisch

76 **Leonor's Mexican Vegetarian Restaurant** $-$$, 11403 Victory Blvd., North Hollywood, https://theogleonors.com, Mo.–Sa. 10–18 Uhr. Große Auswahl und gemütliche Atmosphäre.

77 [f7] **Mixt** $, 5757 Wilshire Blvd., www.mixt.com, Mo.–Fr. 11–16 Uhr. Mixt ist auf Salate aller Art spezialisiert, teils aus dem eigenen Garten, außerdem Sandwiches und Vegetarisches.

78 [dg] **My Vegan Gold** $, 4319 W Sunset Blvd., http://myvegangold.com, tgl. 11.30–21.30 Uhr. Abwechslungsreiche vegane Speisekarte mit Zutaten aus meist regionaler Herkunft.

- **The Farm of Beverly Hills** (s. S. 68). Hier gibt es viel Vegetarisches aus farmfrischen Zutaten und *comfort food.*

Für den späten Hunger

79 [e5] **Canter's Deli,** 417 N Fairfax Ave., www.cantersdeli.com. 24 Std. geöffneter, seit 1931 betriebener jüdischer Deli mit Suppen, Fisch, Sandwiches und Frühstück, Kindermenü etc. Eigene Bäckerei (gute Brote und Kuchen) und Bar Kibitz Room (s. S. 73).

80 [dh] **Farmer Boys,** 726 S Alameda St. Altmodischer Burgerspot, rund um die Uhr geöffnet und preiswert.

81 [dg] **Original Tommy's,** 2575 W Beverly Blvd. Bekannt für seine Chili Burger, 24 Stunden geöffnet, mehrere Filialen (https://originaltommys.com).

French dipped oder double-dipped?

Im seit 1908 in Familienbesitz befindlichen Lokal Philippe werden lokale Produkte in familiärer Atmosphäre, preiswert und in riesigen Portionen serviert. Angeblich wurden hier 1918 von Phillipe Mathieu die **„french dipped sandwiches",** in Soße getunkte belegte Brötchen, erfunden. Henry Cole beanspruchte ebenfalls das „Copyright" und behauptet, 1908 in „Cole's PE Buffet" das erste in Soße getauchte Sandwich serviert zu haben. Kenner verlangen **„double-dipped".** Ebenso legendär sind die **„pickled pigs' feet"** (eingelegte Schweinepfötchen) mit hausgemachtem Senf.

82 [C5] **Cole's,** 118 E 6th St.

83 [C2] **Philippe,** 1001 N Alameda/Ord St., Chinatown, www.philippes.com

Dine L.A.

Während der Dine LA Restaurant Week (www.discoverlosangeles.com/dinela, jeweils rund 15 Tage im April/Mai und im Oktober) bietet eine Reihe von Lokalen Lunch oder Dinner zum Festpreis ab ca. $20 an.

Tipps zu den gerade angesagten Restaurants gibt es unter www.discoverlosangeles.com/eat-drink, www.timeout.com/los-angeles/food-drink oder https://la.eater.com.

„Essen auf Rädern"

Foodtrucks stehen zur Mittagspause an vielen Stellen, zum Beispiel am Wilshire Blvd. (Nähe LACMA 24): https://roaminghunger.com/food-trucks/los-angeles-ca, www.bestfoodtrucks.com/food-trucks/los-angeles

schen Wurzeln ausgezeichnete orientalisch-kalifornische Küche.

84 [C6] **Woodspoon,** $-$$,107 W 9th/ Spring St., Tel. 213 6291765, www.woodspoonla.com. Preiswerte brasilianische Küche mit frischen Ingredienzien regionaler Herkunft. Ein besonderer Tipp sind die *Chicken Pot Pies.* Hangout für Locals und Kunstliebhaber. Di.–Sa. Lunch und Dinner.

85 [E4] **Wurstküche** $-$$, 800 E 3rd St., www.wurstkuche.com. Bekannt für Würste mit verschiedenen Toppings von Sauerkraut über Zwiebelringe bis Paprika, im Brötchen serviert, dazu gute Bierauswahl (auch deutsche Marken).

86 [dg] **Zinc Café & Market** $-$$, 580 Mateo St., www.zinccafe.com, tgl. 9–21 Uhr (Brunch und Dinner-Karte), Happy Hour 15–18 Uhr. Gesunde Gerichte aus aller Welt wie Salate, Pizza oder Burritos. Im angesagten Arts District, mit netter Bar.

Imbiss, Delis und Diners

87 [d3] **Carney's,** 8351 W Sunset Blvd., www.carneytrain.com. In einem alten Eisenbahnwagon. Seit 1968 bekannt für Chilidogs, aber auch für Burger.

88 [ch] **Earle's On Crenshaw,** 3864 Crenshaw Blvd., www.earlesrestaurant.com, So./Mo. geschlossen. Von zwei Brüdern betriebenes Imbisslokal im afroamerikanischen Crenshaw District: Gourmet-Hotdogs nach dem Motto „Not fast food. Variety of options, from spicy beef to turkey, kosher and vegan". Täglich Hotdog-Specials!

89 [d6] **Joan's on Third,** 8350 W 3rd St., tgl. 8–18 Uhr. Ideal für einen preiswerten „quick lunch" oder zum Frühstück, auch zum Mitnehmen.

90 [h2] **Mel's Drive-In,** 1660 N Highland Ave., https://melsdrive-in.com. 1947 in San Francisco gegründeter, legendärer American Diner, der 2001 ins Max Factor Building (Hollywood Museum) in Hollywood einzog. Mit „Celebrity Bar".

116la Abb.: mb

91 [a6] **Nate'n Al's,** 414 N Beverly Dr., www.natenals.com, Mo.–Do. 8–19, Fr.–So. bis 20 Uhr. Eines der beliebtesten, alteingesessenen Delis von Beverly Hills, in dem auch Stars eine *Matzo Ball Soup,* Rippchen oder Corned-Beef-Sandwich bestellen.

92 [ch] **Pann's,** 6710 La Tijera Blvd., tgl. 8–15 Uhr. Der seit 1958 in griechischem Besitz befindliche Diner ist auch architektonisch, als Beispiel für Googie-Architektur, eine Legende. Zum Frühstück bekommt man hier Waffeln, *Pancakes, Eggs Benedict, French Toast* u. a. Spezialitäten, sonst gibt es Burger, Salate, Sandwiches und Ice-Cream-Drinks sowie tgl. wechselnde Specials.

Mel's Drive-In war einst Drehort von „American Graffiti"

93 [g4] **Pink's,** 709 N La Brea Ave., www.pinkshollywood.com, tgl. 9.30–24, am Wochenende bis 2 Uhr. Seit 1939 gibt es hier Hot (und Chili) Dogs, für die selbst Prominente anstehen.

Cafés

94 [E4] **Boxx Coffee Roasters Co.**, 950 E 3rd St., https://boxxcoffee.la, tgl. 7–18 Uhr. Nettes Café im Arts District. Hier wird der Kaffee selbst geröstet und schonend per Hand aufgebrüht.

95 [dg] **Café Tropical,** 2900 W Sunset Blvd., https://cafetropical.la, tgl. 6.30–17 Uhr. Kubanisches Café mit frischen Backwaren und Empanadas (Fleischpasteten), gemütlich und lebhaft, dazu guter Kaffee.

96 [dg] **Dinosaur Coffee,** 4334 Sunset Blvd., Silver Lake, https://dinosaurcoffee.com. Kaffeegespezialitäten aus selbst gerösteten Bohnen, z. B. Kardamom-Zimt-Cappuccino oder Coconut Cacao Cold Brew, in witzigem Ambiente mit überall versteckten Dinosaurier-Figürchen.

97 [e2] **Griddle Café,** 7916 Sunset Blvd., Hollywood, www.thegriddlecafe.com, Mi.–So. 8–15 Uhr. Legendär sind die sättigenden Pancakes wie „Hear Me Roar", „Scotch on the Rocks", „A Time to Love", „Mounds of Pleasure" oder „Yellow Brick Road".

98 [d5] **Kings Road Café,** 8361 Beverly Blvd., www.kingsroadcafe.com, Mo.–Fr. 6–16, Sa./So. ab 7 Uhr. Kaffeeladen und Lokal, in dem es von Frühstück bis zu ganzen Gerichten alles gibt.

99 [dh] **Maru Coffee,** 1019 S Santa Fe Ave., www.marucoffee.com, tgl. 8–17 Uhr. Verwendet nur Kaffeebohnen aus Hochlagen, geröstet wird im Arts District.

100 [bg] **Sprinkles Cupcakes,** 9635 Santa Monica Blvd., www.sprinkles.com. Die kleinen mit Creme gekrönten Muffins gibt's hier in über 20 Sorten sowohl im Laden als auch an einem Automaten und in vielen Filialen. Keine Barzahlung.

101 [c4] **Urth Caffe,** 8565 Melrose Ave., WeHo, www.urthcaffe.com. Organische Kaffees, Tees, frische Backwaren, Sandwiches und Veganes. Auch Stars gehen hier ein und aus. Filialen s. Website.

102 [dg] **Verve Coffee Roasters,** 500 Mateo St., www.vervecoffee.com, tgl. 7–18 Uhr, im Arts District. Zu verschiedensten Kaffees gibt es Frühstück aller Art und leckeres Gebäck, aber auch Burger, Sandwiches oder Wraps.

Los Angeles am Abend

L.A. ist mit Nightclubs, Discos und Livemusikbühnen reich gesegnet, dazu kommt eine Vielzahl an Bars und Pubs. Die Szene ist insgesamt eher „gehoben" und teuer. Aber auch was Theater und Konzerte angeht, kann sich die Stadt sehen lassen.

Hollywood und der **Sunset Strip** gelten als die Nightlife-Zentren von Los Angeles, daneben sind Viertel wie Silver Lake, Echo Park oder der Arts District beim trendigeren, jüngeren Publikum beliebt. Mit **L.A. LIVE** 12 und den dort eingezogenen Clubs und Bars (wie dem The Novo, s. S. 78, die ION Rooftop Pool Bar auf JW Marriott L.A. LIVE, s. S. 122, oder der Conga Room, s. S. 75), aber auch dank alteingesessener Clubs wie Golden Gopher (s. S. 74) blüht auch in **Downtown** das Nachtleben.

Für viele Angelenos sind **Hotelbars** der beliebteste Ort, um sich auf einen Drink zu treffen. In Beverly Hills ist die Atmosphäre am exklusivsten, mit **Türsteher** und **dress code,** doch auch sonst achtet man auf korrekte Kleidung.

Alkoholgesetze werden ernst genommen: Erst ab einem Alter von

117la Abb.: LATourism

21 Jahren darf man Alkohol trinken und ab 2 Uhr nachts wird nichts Alkoholisches mehr ausgeschenkt.

Da das Nachtleben in L.A. überaus **schnelllebig** ist, empfiehlt es sich, Infos in **LA Weekly** (www.laweekly.com) oder unter **www.discoverlosangeles.com/things-to-do/where-to-find-nightlife-in-la** einzuholen.

Nachtleben

Bars

103 [c6] **a.o.c.**, 8700 W 3rd St., West Hollywood, www.aocwinebar.com. Weinbar und Restaurant mit kreativer Küche, Spezialitäten aus dem Holzofen, Käse- und Wurstplatten, besonders für die exklusive Weinkarte bekannt.

104 [e5] **Canter's Kibitz Room,** 419 N Fairfax Ave, www.cantersdeli.com/kibitz-room, tgl. 22.30–1.40 Uhr. Cocktaillounge und Konzertbühne im Untergeschoss eines jüdischen Diners. Lokale Bands treten hier auf – in den 1960er-Jahren spielten hier The Doors oder The Byrds mit Frank Zappa. Joni Mitchell, Rick James, Guns n' Roses oder die Red Hot Chili Peppers traten bei Jam Sessions auf.

105 [E4] **Death & Co.**, 810 E 3rd St., www.deathandcompany.com/dcdtla. Im Arts District gibt es zu den exklusiven, einzigartigen Cocktails – aber auch zu Wein und Bier – kleine Häppchen wie Brot und Butter, Tatar, Oliven oder Chips.

106 [dh] **Everson Royce Bar,** 1936 E 7th St., www.erbla.com. Mo.–Mi. 16–23, Do.–Sa. bis 2 Uhr. Bar im Arts District mit tollen Drinks, aber auch Cheeseburgern, Biscuits, Tacos u. a.

Am Abend locken Clubs, Discos und Bars

Smoker's Guide

Raucher haben es in L.A. nicht leicht, denn der Genuss von Zigaretten ist auf den meisten öffentlichen Plätzen und Gebäuden, in Nahverkehrsmitteln und Taxis, am Arbeitsplatz, auf Bahnhöfen und auch in der Mehrzahl von Restaurants und Bars sowie an vielen Stränden **verboten.**

In Clubs oder Discos gibt es manchmal **Raucher-Patios** im Freien. In Stadien (d. h. Open-Air) gibt es kleine ausgewiesene **Raucherzonen.**

In sogenannten **Tobacco oder Cigar Bars,** in **Tabakgeschäften** sowie in einigen **privaten Clubs** ist das Rauchen gestattet.

- **117** [B7] **The King Cigar Lounge,** 1117 S. Hope St. (Downtown), www.thekingcigarlounge.com. Gemütliche Cigar Lounge zum Sitzen und Genießen, hervorragende Auswahl an Rauchwaren.
- **118** [e4] **V Cut Cigar Lounge,** 8172 Melrose Ave, https://thevcut.com. Gute Auswahl und schön zum Entspannen.

Gastro- und Nightlife-Areale

Bläulich hervorgehobene Bereiche in den Karten kennzeichnen Gebiete mit einem dichten Angebot an Restaurants, Bars, Clubs, Discos etc.

- **107** [j2] **Frolic Room,** 6245 Hollywood Blvd. Legendäre Hollywood-Bar, 1930 als „Speakeasy" entstanden. Viele Stars waren hier zu Gast, auch Literaten wie Charles Bukowski. Traditionelles wie „beer & a shot", Old School Martinis oder Old Fashioned ist hier angesagt.
- **108** [B6] **Golden Gopher,** 417 W 8th St., www.goldengopherla.com. Alteingesessene rustikal-dunkle Downtown-Bar mit Kronleuchtern und Jukebox, tgl. bis 20 Uhr Happy Hour.
- **109** [dg] **Harvard and Stone mit RD Bar,** 5221 Hollywood Blvd., http://harvardandstone.com. Großartige Cocktails, dazu Konzerte und Shows.
- **110** [B5] **Library Bar,** 630 W 6th St., www.librarybarla.com. Hier gibts Bücherregale, bequeme Sofas und Sessel, beliebt zur Happy Hour (Biere vom Fass und Glasweine), auch kleine Gerichte.
- **111** [B5] **Seven Grand DTLA,** 515 W 7th St., www.sevengrandla.com. Kleine, gemütliche Bar mitten in Downtown im Obergeschoss mit einem unglaublichen Angebot an Whiskys aus aller Welt (über 300!).
- **112** [C5] **The Varnish,** 118 E 6th St., www.thevarnishbar.com. Moderne Speakeasy-Bar in Downtown, kleiner Raum hinter dem Imbiss Cole's (s. S. 70), bekannt für die wohl besten Cocktails. Dunkel und mit spezieller Atmosphäre.
- **113** [i3] **Three Clubs Cocktail Lounge,** 1123 Vine St, Hollywood, https://threeclubs.com. Bekannt für Cocktails und als Filmkulisse. Regelmäßig Livemusik, Kabarett u. a. auf zwei Bühnen, dazu Barbetrieb und Happy Hour.

Pubs/Breweries

- **114** [E4] **Angel City Brewery,** 216 S Alameda St., https://angelcitybrewery.com, Mo.–Do. 16–23, Fr./Sa. 12–2, So. 12–23 Uhr. 1997 gegründete Kleinbrauerei (mit Touren) und Bar im historischen John A. Roebling Building im Arts District. Ausgezeichnete Biere vom Fass.
- **115** [B7] **HighDef Brewing Company,** 1203 S. Olive St. (Downtown), www.hidefbrewing.com. Gemütliche Neighborhood Brewery and Bar, wo es v. a. gute IPAs gibt. Verschiedene Veranstaltungen, aber keine warme Küche.
- **116** [df] **Paperback Brewing Company,** 422 Magnolia Ave., Glendale, www.paperback.la. Nette Microbrewery in einer alten Garage, gemütlich eingerich-

tet und mit vierlei Bieren im Ausschank oder aus lustig gestalteten Dosen. Dazu Essen vom Foodtruck „Bun & Blanket" mit kreativen Burgern, Chilis und Mexikanischem.

119 [e3] **The Surly Goat,** 7929 Santa Monica Blvd., www.surlygoat.com/west-hollywood, tgl. 17–2 Uhr. Neighborhood-Bar in West Hollywood mit großer Bierauswahl, auch Cocktails.

Discos und Clubs

120 [i2] **Avalon,** 1735 Vine St., https://avalonhollywood.com. Megaclub mit über 1100 Plätzen, drei Bars und Raucherterrasse in einem höhlenartigen Theater von 1927. V. a. Dance/Techno, Electro, House, Pop, Top-DJs wie Sander Kleinenberg, Carl Cox, Erick Morillo, Booka Shade oder Dirty South ebenso wie Bands oder Tanzmusik. Gutes Soundsystem, sehr laut.

121 [cg] **Catch One,** 4067 W Pico Blvd., www.catch.one. Top-Nightclub in Arlington Heights. 1973 als erste LGBT-Disco für African-Americans in den USA eröffnet. Noch heute in der Szene beliebt, v. a. Electronic, Hip-Hop, Indie, Metal und Rock. Do.–Sa. Livebands.

122 [A7] **Conga Room at L.A. LIVE,** 800 W Olympic Blvd., www.congaroom.com. Latino Stars Jimmy Smits, Jennifer Lopez und Sheila E. sind Besitzer dieses Latin-Musikclubs mit 1100 Plätzen und Restaurant. Verschiedene Musikrichtungen, u. a. Salsa.

123 [C5] **Exchange LA,** 618 S Spring St., https://exchangela.com. Club in der ehemaligen Börse, der maßgeblich dafür gesorgt hat, dass es heute eine gute Clubszene in Downtown gibt.

124 [C4] **La Cita,** 336 S Hill St., 3rd–4th St., Downtown, www.lacitabar.com. Mexikanischer Club der alten Schule mit Bar, Restaurant und Dancefloor sowie Outdoor Patio. DJ-Auftritte, Rock'n'Roll, Rock, Reggae, Electro und Merengue.

118la Abb.: mb

125 [h2] **Sound Nightclub,** 1642 N Las Palmas Ave., www.soundnightclub.com. In Hollywood, beliebt bei Fans von House und Techno.

126 [dg] **The Echo,** 1822 Sunset Blvd., https://theecho.com. Hipster-Club in Echo Park, in dem Indie, Dub Reggae und Electronica dominieren, dazu Rock und Soul. Im Untergeschoss (Zugang: 1154 Glendale Blvd.): Echoplex – Reggae, Dub und Dance Hall Music. Beide Clubs sind chronisch voll und heiß.

127 [C7] **The Mayan,** 1038 S Hill St., www.themayan.com. Wie ein Maya-Tempel gestaltet, unter der Woche Theater, am Wochenende Club auf zwei Ebenen. In der Szene bekannt und beliebt.

128 [dg] **Vermont Hollywood,** 1020 N. Vermont Ave., East Hollywood, www.vermonthollywood.com. Musik- & Event-

Gutes Bier und gemütliche Atmosphäre bietet die Paperback-Brauerei in Glendale

119la Abb.: LATourism@YURIHBASEGAWA

„An Oldie but Goodie": Whisky a Go Go

Club-Know-how

Die Clubszene in L.A. kann insgesamt als **upscale**, als „(ab)gehoben", bezeichnet werden. Die Clubs sind meist sehr groß und beliebt sind „Saturday Night Parties". **Bottle service** ist verbreitet, was bedeutet, dass man, um einen Tisch zu bekommen, in vielen Clubs eine Flasche Alkohol zu überteuerten Preisen kaufen muss. Cocktailkultur („Mixology") wird groß geschrieben und die **Cocktailpreise** liegen in den Topclubs bei $ 20 aufwärts. **Türsteher, dress code, Gästelisten** und **Warteschlangen** sind Usus. Viele Clubs öffnen nicht vor 21/22 Uhr, die meisten schließen (zumindest werktags) um 2 Uhr. Alkohol darf nur bis dahin ausgeschenkt werden. In Topclubs fallen zudem hohe **Gebühren fürs Parken** an. Manche Musikbühnen verlangen **cover fee** (Eintrittsgebühr, die manchmal mit Getränken verrechnet wird).

location in einem früheren Kino. Max. 1200 Besucher, bis zu viermal wöchentlich Shows, v. a. an Wochenenden große Parties, Konzerte etc.

Livemusik – Rock und Pop

129 [b3] **The Roxy Theatre,** 9009 Sunset Blvd., West Hollywood, www.theroxy.com. Legendärer Club, in dem schon Bruce Springsteen und Guns N' Roses auftraten. Jetzt v. a. Metal, Punk, Indie, gelegentlich auch lokale Künstler. Bar und Restaurant.

130 [b5] **Troubadour,** 9081 Santa Monica Blvd., West Hollywood, https://troubadour.com. Besteht seit 1957, Stars wie Randy Newman, Elton John, Tom Waits, Interpol und Franz Ferdinand begannen hier ihre Karrieren. Guter Sound und viel zu sehen.

131 [c3] **Whisky a Go Go,** 8901 W Sunset Blvd., West Hollywood, https://whiskyagogo.com. Der Klassiker der Hardrockszene. Die Doors, Janis Joplin oder Led Zeppelin standen hier schon auf der Bühne.

Livemusik – Jazz, Blues und Sonstiges

132 [h2] **Catalina Bar & Grill,** 6725 Sunset Blvd., www.catalinajazzclub.com. Tgl. außer Mo. mindestens eine Show am Abend, mit Bar und Restaurant. Eher modern-elegant und klein, bekannt für Jazz und Jazzfusion.

133 [Seite 45] **Harvelle's,** 1432 4th St., Santa Monica, https://santamonica.harvelles.com. Tgl. Liveblues, gelegentlich auch Funk und Jazz in gemütlicher Bar-Lounge (eigene Martini-Karte!), an Wochenenden voll.

134 [cg] **The Mint,** 6010 West Pico Blvd., https://themintla.com. Legendärer Musikclub, in dem schon Stevie Wonder, Ray Charles oder Jackson Browne auftraten. Heute auch viel Jazz und Restaurantbetrieb.

Theater und Konzerte

NoHo – North Hollywood – gilt als der größte kalifornische Theaterbezirk und ist bekannt für hochkarätige Produktionen und bekannte Broadway-Schauspieler. Über die Theaterszene informieren www.discoverlosangeles.com/things-to-do/discover-the-los-angeles-theater-scene und www.los-angeles-theatre.com oder www.theatreinla.com.

Ensembles

- **L.A. Chamber Orchestra,** www.laco.org. Kammermusikensemble, das auf verschiedenen Bühnen auftritt.
- **L.A. Master Chorale,** www.lamasterchorale.org. Aus rund 120 Mitgliedern bestehend, Okt.–Juni Auftritte in der Walt Disney Concert Hall 8.
- **L.A. Opera,** www.laopera.org. Auftritte im Music Center of L.A./Dorothy Chandler Pavilion (s. S. 78).
- **L.A. Philharmonic,** www.laphil.com. Gegründet 1919, Okt.–Juni Konzerte in der Walt Disney Concert Hall 8, im Sommer gelegentlich in der Hollywood Bowl.
- **Center Theatre Group,** www.centertheatregroup.org. Führendes Theaterensemble, das im Mark Taper Forum und im Ahmanson Theatre (Music Center, www.musiccenter.org) auftritt.

Konzerthallen und Theater

135 [C7] **Belasco Theater,** 1050 S Hill St., www.livenation.com/venue/KovZpZAJvttA/the-belasco-events. Das aus vielen Spielfilmen bekannte Haus wurde Anfang des 20. Jahrhunderts erbaut und dient als Vielzweck-Veranstaltungsort mit Restaurants, Bars und *ballroom.*

136 [bg] **Center for the Art of Performance UCLA/Royce Hall,** 340 Royce Dr., http://cap.ucla.edu. Auf dem Unicampus gelegene legendäre Konzerthalle, vergleichbar der Carnegie Hall in New York.

137 [h2] **Dolby Theatre,** 6801 Hollywood Blvd., www.dolbytheatre.com. Konzerte, Theater, Shows und Academy-Awards-Verleihung (s. S. 85) im ehemaligen Kodak Theatre.

138 [cf] **El Portal Theatre,** 5269 Lankershim Blvd., NoHo, www.elportaltheatre.com. 360 Sitze in ehemaligem Kino, insgesamt drei Bühnen unterschiedlicher Größe.

139 [cf] **Ford Theatres,** 2580 Cahuenga Blvd. E., www.theford.com. Ford Amphitheatre und (Inside) the Ford. Zweiteiliger Komplex aus Open-Air-Theater von 1920 (1245 Sitze) und kleinerer Bühne mit 87 Plätzen. Weltmusik, Jazz, Tanz, Film, Theater, Chöre und Kammermusik von Mai/Juni–Okt., außerdem Festivals wie Angel City Jazz Festival oder Hollywood Shorts (Kurzfilme). Auftrittsort kleinerer Ensembles.

140 [df] **Greek Theatre,** 2700 N Vermont Ave., www.lagreektheatre.com. Open-Air-Konzerte im Griffith Park.

141 [cf] **Hollywood Bowl,** 2301 N Highland Ave./US 101, www.hollywoodbowl.com bzw. www.laphil.com. Mai–Sept. Open-Air-Veranstaltungen in den Hollywood Hills. Hier trat 1922 erstmals die L.A. Philharmonic auf, später die Beatles u. a. große Stars. 18.000 Plätze, Programm von Musical bis Livejazz und Film.

142 [j2] **Hollywood Palladium,** 6215 W Sunset Blvd., www.thehollywoodpalladium.com. Seit 1940 treten hier große Künstler vor 4000 Fans auf.

143 [bh] **Kirk Douglas Theatre,** 9820 W Washington Blvd., Culver City, www.centertheatregroup.org. Nur gut 300 Plätze, aber ein breites Spektrum und auch Weltpremieren von Theaterstücken und Musicals.

144 [A7] **Microsoft Theater at L.A. LIVE,** 777 Chick Hearn Court, www.microsoft

theater.com. Bühne mit 7100 Sitzen und Bar, viel Rock und R&B.

145 [B3] **Music Center Theatres,** 135 N Grand Ave., www.musiccenter.org. Haupt-Kultur- und Veranstaltungskomplex der Stadt mit **Ahmanson Theatre, Mark Taper Forum** (centertheatregroup.org), **Dorothy Chandler Pavilion, Walt Disney Concert Hall** 8 und **Redcat** (www.redcat.org).

146 [C6] **Orpheum,** 842 S Broadway, https://laorpheum.com. 1926 eröffnet, trat hier u. a. Judy Garland auf. Heute v. a. Rock- und Pop-Konzerte.

147 [C5] **Palace Theatre,** 630 S Broadway, https://thedowntownpalace.com. Konzerte und Filme in historischem Ambiente.

148 [j2] **Pantages Theatre,** 6233 Hollywood Blvd., www.broadwayinhollywood.com. Entertainmentpalast mit Broadway Musicals wie „Wicked", auch beliebt für TV-Shows, Filme und Musikvideos.

149 **Pasadena Civic Auditorium,** 300 E Green St., Pasadena, www.visitpasadena.com/civic-auditorium. Schöne Bühne von 1931 mit über 3000 Plätzen, Broadway Musicals, Ballett, Symphonien u. a.

› **Crypto.com Arena** (s. S. 118). Sporthalle und Konzertbühne in einem.

150 [A7] **The Novo @ L.A. LIVE,** 800 W Olympic Blvd., www.thenovodtla.com. Hier treten aufstrebende Talente und bewährte Künstler auf.

151 [a6] **Wallis Annenberg Center for the Performing Arts,** 9390 N Santa Monica Blvd., www.thewallis.org. Tanz, Schauspiel, Musical etc., außerdem finden hier Teile des LA Film Festival statt.

Edelboutiquen wie hier Louis Vuitton locken am Rodeo Drive in Beverly Hills

8 [B3] **Walt Disney Concert Hall.** Stammbühne der LA Philharmonic und Teil des Music Center (s. S. 18).

Kino

Online kann man unter www.filmradar.com oder www.showtimes.com/movie-times/los-angeles-ca das aktuelle Kinoprogramm einsehen. Kinos sind meist „Multiplexe".

20 [h2] **(Grauman's) Egyptian Theatre/American Cinematheque.** Hier werden alte „Hollywoodschinken" gezeigt (www.americancinematheque.com).

152 [h2] **El Capitan Theatre,** 6838 Hollywood Blvd., https://elcapitantheatre.com. Theater von 1926, das heute als Kino fungiert.

153 [A7] **Regal Theatres,** 1000 W Olympic Blvd., www.regmovies.com. Topmoderner Kinokomplex mit zurückklappbaren Sitzen, Digitalprojektion und Super-Soundsystem.

18 [h2] **TCL Chinese 6 Theatres.** Zum Chinese Theatre gehöriger Kinokomplex (www.tclchinesetheatres.com, s. S. 28).

Filmfestivals

Eine gute Übersicht über regelmäßig stattfindende Filmfestivals gibt: www.lafilmfestivals.com.

› **Outfest** (www.outfest.org). Zehn Tage lang werden Ende März/Anf. April „schwule" Kurz- und Hauptfilme in verschiedenen Kinos gezeigt.

› **Downtown Film Festival** (https://dtlaff.com, im Sept.), vergleichbar mit den Festivals in Cannes oder Berlin.

› **AFI Fest** (https://fest.afi.com, fünf Tage Ende Okt.), 130 Filme aus 40 Ländern.

› **Last remaining Seats.** Klassische Filme in historischen Kinos am Broadway (www.laconservancy.org/last-remaining-seats, Juni).

Los Angeles zum Stöbern und Shoppen

In L.A. geht man nicht einfach mal kurz von einem Laden zum nächsten bummeln und es ist auch nicht so einfach wie z. B. in New York oder San Francisco, von einem Stadtviertel ins andere zu gelangen. Auch Shopping muss in Los Angeles vorausgeplant werden und man kombiniert am besten Kultur und Sightseeing mit Einkaufen. Hilfreiche Infos finden sich unter www.discoverlosangeles.com/things-to-do/shopping.

Einkaufsregionen

Downtown

5 [E4] **Arts District:** Das einstige Industriegebiet im Osten Downtowns zwischen Little Tokyo/Alameda St. und L.A. River sowie zwischen E 1st und Violet St. entwickelt sich zum angesagten Viertel, zur „City in the City" mit interessanten Bummelarealen wie ROW DTLA.

13 [B6] **Fashion District:** Verteilt auf 90 Blocks um 9th und Los Angeles St. (https://fashiondistrict.org) gibt es eine Vielzahl preiswerter Mode-, Schuh- und Accessoiregeschäfte. Besonders sehenswert und günstig ist die Santee Alley (https://fashiondistrict.org/santee-alley).

› **Jewelry District** (www.gojewelrydistrict.com): Der „Juwelendistrikt" befindet sich an der Hill St. (5th–8th St.) und südlich des Pershing Square, wo auch ein *farmers market* (s. S. 83) stattfindet. **St. Vincent Court** (7th St., Hill St.–Broadway) ist eine Einkaufsstraße mit europäischem Flair.

4 [D3] **Little Tokyo** (https://littletokyola.org): An der 1st St. und in mehreren Einkaufszentren wie Japanese Village Plaza (335 E 2nd St.), Little Tokyo Market Place (333 S Alameda St.) oder Weller Court (123 Onizuka St.) gibt es typisch japanische Shops und Lokale.

› **The Bloc** (s. S. 81): Shopping- und Diningareal in Downtown.

Westside

17 [h2] **Ovation Hollywood:** Modernes Shoppingcenter mitten in Hollywood, ringsum zahllose Souvenirläden mit weitgehend identischem Angebot.

› **West Hollywood/Melrose Ave.** (https://melroseavenue-shop.com): Die „trendige Alternative" zum vornehmen Rodeo Drive. Zwischen San Vicente Blvd. und Fairfax Ave. gibt es trendige Avantgarde- und Secondhandmode, Boutiquen und Kunstgalerien sowie Antiquariate und schöne Cafés. In West Hollywood (www.visitwesthollywood.com), einer eigenen Stadt zwischen Beverly Hills und Hollywood, lohnen mit Boutiquen, Galerien und Lokalen außerdem Beverly Blvd. und Robertson Blvd., die zusammen mit der Melrose Ave. als **West Hollywood Design District** bekannt sind (www.westhollywooddesigndistrict.com).

120la Abb.: mb

Shoppingareale

Die wichtigsten Shoppingbereiche der Stadt sind im Kartenmaterial mit einer rötlichen Fläche markiert.

Mehrwertsteuer

Die **Sales Tax** in L.A. setzt sich aus der California State Rate (6 %), der County Rate (0,25 %) und einer L.A. Tax von 0 bis 0,5 % zusammen. Dazu kann eine Special Tax von 3,25 % anfallen. In den zentralen Vierteln der Stadt beläuft sich die Tax meist auf 9,5 %, in anderen Städten/Counties im Großraum können bis zu 10,25 % anfallen.

- 29 [c3] **WeHo/Sunset Strip:** Zwischen La Cienega Blvd. und San Vicente Blvd. mit Zentrum um die **Sunset Plaza** – exklusive Läden, Lokale und Nachtclubs (www.thesunsetstrip.com).
- 30 [a7] **Beverly Hills: Golden Triangle** wird das Areal um **Rodeo** und **Beverly Drive** genannt.
- **W 3rd St./Fairfax District:** Kleine Läden, ausgefallene Boutiquen und Cafés an der 3rd St. zwischen La Cienega und Crescent Heights Blvd. Am westlichen Ende: das Einkaufszentrum **Beverly Center** (s. rechts), am östlichen **The Grove** (s. S. 81) und etwa in der Mitte der **L.A. Farmers Market** (s. S. 36). Der **Fairfax District** breitet sich zwischen 3rd St., Fairfax, La Brea und Melrose Ave. aus.
- **Third Street Promenade, Santa Monica:** Fußgängerzone zwischen Broadway und Wilshire Blvd. mit Läden und Lokalen (www.downtownsm.com).
- **NoHo (North Hollywood) Arts District:** breit gestreutes Angebot an Galerien, Theatern, Boutiquen, Restaurants und Cafés (https://nohoartsdistrict.com) im San Bernadino Valley (nördlich Universal Studios), um die Kreuzung Lankershim/Magnolia Blvd. (Metro Rail Red Line „North Hollywood“)
- **Silver Lake:** Trendiges Viertel östlich von Hollywood mit Zentrum um die Kreuzung Silver Lake Blvd. und Sunset Blvd.
- **Larchmont Village:** Schickes Wohnviertel mit kleinen Läden, Cafés und Lokalen um die Kreuzung Beverly Blvd. und Larchmont Blvd.

Shoppingtipps

Einkaufszentren

154 [eg] **At Mateo,** 1262 Palmetto St., www.atmateo.com. Mitten im Arts District wurden fünf historische Lagerhäuser in ein Bummelareal mit Lokalen, Läden u. a. Einrichtungen umgestaltet.

155 [d6] **Beverly Center,** 8500 Beverly/La Cienega Blvd., 3rd St., West Hollywood, www.beverlycenter.com. Über 90 Shops, Restaurants, Kaufhäuser wie Bloomingdale's und Macy's, Boutiquen bekannter Designer und Kinokomplex.

156 [A6] **FIGat7th,** 735 S Figueroa St., www.figat7th.com. In diesem „Downtown Open Air Shopping & Dining Center“ gibt es Läden, Imbissstände, Modenschauen, Kunstausstellungen u. a. Events.

157 [df] **Glendale Galleria,** N Central Ave./W Colorado St., Glendale, www.glendalegalleria.com. Über 100 Shops und mehrere Kaufhäuser in parkähnlichem Ambiente in Downtown Glendale.

17 [h2] **Ovation Hollywood.** Hier gibt es bekannte Markenboutiquen.

158 [B6] **Macy's Plaza,** 750 W. 7th St. Filiale des bekannten Kaufhauses und Teil des Einkaufszentrums The Bloc mit Imbiss und Läden wie Victoria's Secret oder Bath & Body Works.

159 **Ontario Mills,** 1 Mills Circle, Kreuzung I-10/I-15, www.simon.com/mall/ontario-mills. Gut 30 Min. von der Innenstadt entfernt, Richtung Osten in Ontario gelegene größte *Outlet Mall* Kaliforniens mit über 200 Stores – ideal für Schnäppchenjäger. Auch Shuttlebusse von großen Hotels.

160 [Seite 45] **Santa Monica Place,** 395 Santa Monica Pl., 3rd Street Promenade. Vom Architekten Frank Gehry geplantes Einkaufszentrum (www.santamonicaplace.com), u. a. mit Nordstrom oder Uniqlo sowie tollem Ausblick vom *Dining Deck*.

161 [B6] **The Bloc,** 700 S Flower St., www.theblocla.com. Mitten in Downtown befindet sich dieses Shopping- und Diningareal mit dem Kaufhaus Macy's, Wochenmarkt, Hotel Sheraton und einem Kino (Alamo Drafthouse Cinema)

162 [f6] **The Grove,** 189 The Grove Dr., 3rd St./Fairfax Ave., https://thegrovela.com. Über 50 Shops und Restaurants im Freien.

163 [bg] **Westfield Century City,** 10250 Santa Monica Blvd., Century Park W–Ave. of the Stars, Century City, www.westfield.com/centurycity. Rund 180 Läden und Kaufhäuser wie Nordstrom, Bloomingdale's, Macy's, außerdem Eataly.

Mode und Accessoires

164 [a6] **Alexander McQueen,** 457 Rodeo Dr., Beverly Hills. Schrille Boutique des Stardesigners mit Frauen- und Herrenmode der gehobenen Kategorie.

165 [h6] **American Rag,** 150 S. La Brea Ave. Lässige kalifornische „Kultkleidung", viele Jeans. Kleidung und Accessoires für Männer, Frauen und Kinder.

166 [C6] **California Market Center (cmc),** www.californiamarketcenter.com, 110 E 9th St. Mit Buchladen zu Modethemen im EG. Kleidung von Mode-Studenten werden in Showrooms ausgestellt, am letzten Fr. im Monat ist zu „Sample Sales" die Öffentlichkeit zugelassen und der Run auf die Schnäppchen groß.

167 [C6] **Cooper Design Space,** 860 S Los Angeles St., www.cooperdesignspace.com. Designershops auf sechs Stockwerken. Unterschiedliche Öffnungszeiten.

168 [B6] **FIDM Museum und Scholarship Store,** http://thefidmmuseumstore.org, 919 S Grand Ave. Accessoires, Schmuck, Handtaschen und Museumshop, alles stark reduziert. Die Einnahmen werden für Studentenstipendien verwendet.

MEIN TIPP

Row DTLA

Row DTLA ist ein „Revival-Projekt" in Downtown L.A. zwischen Fashion District, Skid Row (Toy District) und Arts District. Auf dem historischen Marktareal befand sich einmal der LA Terminal Market, geblieben ist davon der 7th Street Produce Market. Dieser Großmarkt war 1917 bis 1923 am Endpunkt der Southern Pacific Railroad entstanden, wo Waren umgeschlagen wurden. Bis in die 1980er-Jahre hinein war er der zweitgrößte Großhandels-Markt weltweit.

2017 wurde ROW DTLA ins Leben gerufen und heute findet man in den ehemaligen Warenhallen kreative Läden und ungewöhnliche Lokale mit „Weltküche" – von Japanese Fried Chicken (Pikunico) über Pizza (Pizzeria Bianco) bis hin zu Austern (Rappahannock Oyster Bar) oder Sterneküche (Hayato and Kato). Für die tägliche Dosis Kaffee sorgen Café Dulce und go get em tiger. Es gibt Pop-up Stores und Foodtrucks, Shows und Markttreiben. Am Sonntag findet auf dem Areal des alten 7th St. Produce Market (Obst-/Gemüse-Großhandel) Smorgasburg (s. S. 83) statt.

Interessant ist Kensho Ryokan, ein ungewöhnliches Hotel mit acht Zimmern im japanischen Onsen-Stil mit Restaurant, Café und Bar.

169 [dh] **ROW DTLA,** 777 Alameda St. (Zugang Alameda/Center St.), https://rowdtla.com, tgl. 10–22 Uhr (Zeiten können sich bei Läden/Lokalen unterscheiden).

170 [d6] **Polkadots & Moonbeams,** 8367 W 3rd St., www.polkadotsandmoonbeams.com. Designerware gemischt mit ungewöhnlicher Vintage-Kleidung und Accessoires.

171 [D4] **Raggedy Threads,** 330 E 2nd St., www.raggedythreads.com. „Vintage clothing" – bequem, erschwinglich und von jeder/m tragbar. Gelegentlich Events und Livemusik.

172 [C7] **Santee Alley,** zw. Olympic Blvd.–12th St., Maple Ave.–Santee St., https://fashiondistrict.org/santee-alley. Eine Art Fußgängerzone und Basar mit reduzierter Kleidung, Schmuck und Spielwaren. Wirkt wie ein bunter Markt irgendwo in Mexiko.

Bücher und Musik

173 [i2] **Amoeba Music,** 6200 Hollywood Blvd., tgl. mind. 11–20 Uhr, www.amoeba.com. Schallplatten und CDs, DVDs und Blu-Rays, dazu Liveauftritte von Bands.

174 [c3] **Book Soup,** 8818 Sunset Blvd., West Hollywood, www.booksoup.com. Ein gemütlicher großer Buchladen, in dem auch literarische Events stattfinden.

175 [C5] **The Last Bookstore,** 453 S Spring St. (Metro Red/Purple Line, „Pershing Square"), www.lastbookstorela.com, tgl. 11–20 Uhr. Größter Buchladen Kaliforniens mit 250.000 neuen/gebrauchten Büchern. Außerdem auch Schallplatten, Graphic Novels u. a. Im Zwischengeschoss: Labyrinth Above the Last Bookstore, Gather Yarn Shop und Spring Arts Collective Gallery Shops.

Lebensmittel

176 [g3] **BevMo!,** 7100 Santa Monica Blvd., West Hollywood. Hervorragend sortierter Getränkeladen mit Sonderangeboten. Teil einer Mall mit Läden.

177 [B6] **Ralph's,** 645 W 9th St. Günstig in Downtown gelegener Supermarkt mit breitem Sortiment an Frischwaren, Weinen sowie Imbiss.

178 [dg] **Yummy**, 3607 Sunset Blvd., www.yummy.com. Neighborhood Market mit großem Angebot an lokalen, Bio-Produkten. Weitere Filialen s. Website.

The Last Bookstore: Kaliforniens größter unabhängiger Buchladen

0871a Abb.: LATourism

Wochenmärkte

Am bekanntesten sind der **L.A. Farmers Market** (s. S. 36) und der **Grand Central Market** 11. An bestimmten Wochentagen, vielfach allerdings nicht im Winter, finden weitere Wochenmärkte statt.

- **179** [dh] **7th St. Produce Market,** 1318 E 7th St. Wochenmarkt im Freien.
- **180** [a6] **Beverly Hills Farmers' Market,** Civic Center Dr., 9300er-Block, So. 9–13 Uhr
- **181** [D7] **City Market South**, E 11th St./ San Julian St., www.citymarketsouth.com. Der Großmarkt von 1909, bestehend aus mehreren, um einen Platz gruppierten Gebäuden, wird jetzt gemischt genutzt.
- › **FIGat7th Farmers Market** (s. S. 80), Do. 10–14 Uhr.
- **182** [i2] **Hollywood Farmers' Market**, Ivar & Selma Ave., Hollywood Blvd.–Sunset Blvd., 1. und 3. So. im Monat, 9–13 Uhr
- **183** [C5] **Pershing Square Farmers Market**, 532 S Olive St., Mi., Do. 11.30–14 Uhr. Gut zum Einkaufen und für einen Imbiss.
- **184** [ef] **Rose Bowl Flea Market,** www.rgcshows.com/rose-bowl, jeden zweiten So. im Monat, 9–16.30 Uhr, $ 12
- › **Smorgasburg,** 777 S Alameda St., https://la.smorgasburg.com, So. 10–16 Uhr. Auf dem Areal von ROW DTLA (s. S. 81) wird der aus New York bekannte Gourmetmarkt veranstaltet. Unter der Woche 7th Street Produce Market (Obst- und Gemüse-Großmarkt).
- › **Weitere Märkte** siehe www.discoverlosangeles.com/things-to-do/los-angeles-farmers-markets und https://rawinspiration.org/locations.

Verschiedenes

- **185** [D3] **Anzen Hardware,** 309 E 1st St. Japanladen, der seit 1949 besteht. U. a. Werkzeuge und Messer, Haushaltswaren und Kochutensilien sowie Bonsaizubehör.

Los Angeles zum Durchatmen

Ein rund 130 km langer Küstenstreifen am Pazifik nördlich und südlich der City – nichts als Sonne, Strand und Meer. Hier sind nicht nur Surfer, Beachboys und -girls zu Hause, hier herrscht dank des sommerlichen Klimas das ganze Jahre über Ferienstimmung. Dennoch hat L.A. zum Erholen mehr zu bieten als Strand und Meer: Parks, Gärten und Naturschutzgebiete machen aus der Metropole ein grünes Paradies.

Man glaubt es kaum, aber mit dem 1660 ha großen **Griffith Park** 38 verfügt L.A. über einen der größten Stadtparks weltweit. Er bietet vielerlei Möglichkeiten für Aktive – von Wander-, Rad- und Reitpfaden über Tennis- und Golfplätze bis hin zu verschiedensten Sport- und Spielflächen sowie Picknickplätzen –, ist aber auch ideal für Erholungssuchende und ein Naturareal, in dem zahllose Wildtiere zu Hause sind. Allein die traumhafte Aussicht vom **Griffith Observatory** lässt einen hier oben sitzend schnell die Zeit und den Trubel ringsum vergessen.

Die **Huntington Library, Art Museum, and Botanical Gardens** 41 in Pasadena sind auch für Bibliophile und Kunstfreunde ein wahrer Genuss, v. a. handelt es sich aber um eine grüne Erholungsoase mit hohem botanischem Anspruch und Erholungswert.

Eine wenig bekannte Ruheoase mit fantastischem Ausblick versteckt sich in den Hügeln von Beverly Hills: der **Greystone Park** um die **Greystone Mansion.** Die 1928 von einem Ölbaron im Tudorstil erbaute Villa steht unter Denkmalschutz und ist nur zu besonderen Anlässen geöffnet, der sie umgebende, weitläufige Park ist jedoch frei zugänglich. Villa und Park dienten mehrfach als Filmkulisse.

★**186** [a3] **Greystone Park,** 905 Loma Vista Dr., Beverly Hills, www.greystonemansion.org, tgl. 10–17 Uhr, Eintritt frei

Der **Exposition Park** (s. S. 23) besticht einerseits durch sein Kulturangebot mit ScienCenter 15 und Natural History Museum 14 sowie vielerlei Events, es gehören aber auch ein Park und ein sehr schöner Rosengarten dazu. Vor oder nach dem Besuch der La Brea Tar Pits 26 und dem zugehörigen Museum eignet sich auch der **Hancock Park** (s. S. 36) am Wilshire Blvd. gut für eine Ruhepause. Mitten in Downtown bietet sich der **Blue Ribbon Garden** der Disney Concert Hall 8 zum Päuschen an. Diese idyllische Gartenoase auf dem Dach bietet seltene Pflanzen, Brunnen und Sitzgelegenheiten.

Die **Pazifikstrände** zwischen Malibu und Huntington Beach sind in der Regel zwischen 8 Uhr und Sonnenuntergang (bzw. max. 22 Uhr) geöffnet, vielfach werden danach die Parkplätze gesperrt und Lärmen ist untersagt. Oft gibt es Verleihstationen für Skates, Surfboards und Bälle, manchmal auch Kioske, Duschen und WCs. *Lifeguards* (Rettungsschwimmer) sind in der Hauptsaison im Dienst. Hier ein paar Tipps:

★**187** [bj] **Hermosa Beach:** Pier Plaza als Platz zum Ausspannen mit Surfshops, Cafés und Restaurants

★**188** **Huntington Beach:** der Hauptstrand der Surfer, weniger übervölkert als Surfrider Beach

★**189** [bj] **Manhattan Beach:** vielerlei Aktivitäten, sauberer Sandstrand, angeblich Geburtsstätte des Beach Volleyballs

★**190** [Seite 45] **Santa Monica Beach,** nördlich des Santa Monica Pier: ein gut 3 km langer Sandstrand, Schwimmen und Sonnen, Inlineskaten oder Fahrrad fahren, aber auch *people watching*

★**191** **Surfrider Beach,** Malibu: Strand der *surf subculture,* mit Lagune und *bird sanctuary* (Vogelschutzgebiet)

36 [ah] **Venice Beach:** am Venice Ocean Front Walk Leute beobachten oder Skaten und Radfahren, mit Spielfeldern und Fitness („Muscle Beach“)

› **Weitere Tipps** finden sich unter www.discoverlosangeles.com/things-to-do/the-best-beaches-in-los-angeles.

Nicht nur für Sportbegeisterte: der Manhattan Beach

121la Abb.: mb

Zur richtigen Zeit am richtigen Ort

Eigentlich ist man in Los Angeles immer „zur richtigen Zeit am richtigen Ort“, denn im Großraum ist das ganze Jahr über etwas los. Begünstigt wird dieser Umstand dadurch, dass die „Stadt der Engel“ die Sonne gepachtet zu haben scheint. Dennoch kann es nicht schaden, die Daten der bedeutendsten Events zu kennen.

Frühjahr

- Anfang Januar: **Golden Globe Awards,** im Beverly Hilton Hotel am Wilshire Blvd. (www.goldenglobes.org)
- Ende Januar/1. Hälfte Februar (das Fest richtet sich nach dem chinesischen Mondkalender): **Golden Dragon Parade.** Umzug mit großem Drachen entlang dem N Broadway in Chinatown zur Feier des **Chinese New Year** (https://culturela.org/event/golden-dragon-lunar-new-parade, https://chinatownla.com/events).
- Mitte Febr.: **Frieze Los Angeles.** Kunstevent mit Schwerpunkt auf zeitgenössischer Kunst, dazu Talks, Ausstellungen, Touren etc. (www.frieze.com/fairs/frieze-los-angeles). Gleichzeitig: **Felix LA Art Fair** im Hollywood Roosevelt Hotel (https://felixfair.com).
- März: **Los Angeles Marathon.** Start am Dodger Stadium, durch Downtown, Hollywood und die Westside nach Santa Monica. 24.000 Läufer aus aller Welt, Veranstaltungen und Street Performances (www.lamarathon.com).
- Mitte März: An einem Sonntag werden im Dolby Theatre die **Academy Awards (Oscars)** verliehen (www.oscars.org).
- Mitte April: **Santa Clarita Cowboy Festival** (https://cowboyfestival.org) auf Gene Autrys Melody Ranch/Motion Picture Studio in Newhall. Mit „Walk of Western Stars Gala", Reiten, Cowboy Fashion Show, Cowboy Comedy und Poetry.
- Mai: **L.A. County Fair,** Pomona County Fairplex, W McKinley/N White Ave., Pomona. Seit 1922 stattfindende landwirtschaftliche Messe mit Weinproben, Ausstellungen und Konzerten (www.lacountyfair.com).
- 5. Mai: **Fiesta Broadway/Cinco de Mayo,** Broadway/Main St., E César E. Chávez Ave.–11th St., Downtown. Mit bis zu einer halben Mio. Teilnehmern größtes Fest zum mexikanischen Unabhängigkeitstag außerhalb Mexikos.

Aktuelle Termine

Für weitere Informationen zu aktuellen Veranstaltungen eignen sich:

- **L.A. Times,** am Wochenende in der „Calendar"-Sektion bzw. www.latimes.com/entertainment-arts
- **www.laweekly.com/calendar** – Kalender von „LA Weekly" mit aktuellen Hinweisen zu Konzerten, Film, Theater, Museen u. a. Veranstaltungen
- **www.discoverlosangeles.com/events** bzw. **www.discoverlosangeles.com/events/annual-events-in-los-angeles** – Kultur- und Eventkalender von Discover Los Angeles, mit Suchfunktion
- **Cultural Guide L.A.,** Magazin und Website zur Kulturszene der Stadt: https://culturela.org/events

- Anfang Mai: **UCLA Pow Wow.** Zwei Tage dauerndes Indianerfest mit Gesangs-, Tanz-, Trommel- u. a. Wettbewerben auf dem UCLA Main Campus (https://main.aisc.ucla.edu/events/ucla-37th-annual-pow-wow).
- Ende Mai (Memorial Day Weekend): **UCLA JazzReggae Festival** auf dem Uni-Campus mit hochkarätigem Livejazz und Reggae.

Sommer

- Anfang Juni: **Mariachi USA Festival** in Hollywood. Wettbewerb der Spitzen-Mariachi-Bands aus den USA und Mexiko in der Hollywood Bowl (https://mariachiusa.com).
- Mitte Juni: **Hollywood Bowl Jazz Festival.** Große Showmaster und Entertainer treten an einem Wochenende auf (www.hollywoodbowl.com/concerts-and-events/hollywood-bowl-jazz-festival).

- Mitte Juni: **Daytime Emmys.** Verleihung der „Oscars“ für TV-Stars in den Bereichen Nachrichten, Sport, Talkshows etc. durch die 1955 gegründete National Academy of Television Arts and Sciences im Dolby Theatre (https://theemmys.tv/daytime).
- 4. Juli: **Independence Day.** Feuerwerke an verschiedenen Orten – Hollywood Bowl, Venice Beach, Rose Bowl und Diesneyland sowie Huntington Beach.
- Ende Juli/Anfang August: **Vans US Open of Surfing,** Huntington Beach. Über 200.000 Teilnehmer, Livebands, Sports Expo und Partys (www.vansusopenofsurfing.com).
- Mitte August: **Nisei Week Japanese Festival** in Little Tokyo. Achttägiges japanisches Kulturfest mit Vorführungen (https://niseiweek.org).
- Mitte Sept.: **Primetime Emmy Awards.** Im Microsoft Theater im L.A. LIVE Downtown werden die Gewinner der TV-Nightshows ausgezeichnet (www.emmys.com/awards).

Herbst

- Ende September: **Herbalife24 Triathlon Los Angeles.** Weltklasse-Event am Torrance Beach (https://herbalife24tri.la).
- Ende Okt.: **Angel City Jazz Fest,** https://angelcityjazz.com. Jazz an verschiedenen Orten der Stadt.
- 31. Oktober: **West Hollywood Halloween Carnaval,** Santa Monica Blvd., La Cienega Blvd.–Doheny Dr. 400.000 Teilnehmer, DJs, Bands, Kostüm- und Drag-Queen-Wettbewerbe etc. (www.visitwesthollywood.com/halloween-carnaval).

Winter

- Sonntag nach Thanksgiving (letzter Do. im Nov.): **Hollywood Christmas Parade** ab Chinese Theatre, Hollywood Blvd., südwärts zur Van Ness Ave., dann entlang dem Sunset Blvd. Seit 1928 unter dem Motto „Here comes Santa Claus“ (von Gene Autry) stattfindender Umzug mit Wagen, Classic Cars, Kamelen, Fußtruppen und Marching Bands (https://thehollywoodchristmasparade.org).
- 1. Januar: **Tournament of Roses/Rose Parade,** Pasadena, S Orange Grove Blvd./Ellis St. Seit 1890 stattfindende Parade mit Musik und blumengeschmückten Wagen im Beisein von über 1 Mio. Zuschauern. Anschließend College-Football-Spiel um den „Rose Bowl“ (https://tournamentofroses.com).

Feiertage

In den USA werden wegen die vergleichsweise wenigen Urlaubs- und Feiertage gern auf einen Montag oder Freitag gelegt. Die Feriensaison dauert landesweit von Memorial bis Labor Day.

- 1. Januar: **New Year's Day**
- 3. Montag im Januar: **Martin Luther King's Birthday**
- 3. Montag im Februar: **Presidents' Day** (Washington's Birthday)
- Ende März/Anfang April: **Easter Sunday** (Ostersonntag)
- 31. März (bzw. Mo. oder Fr. davor): **Cesar Chavez Day** (Feiertag in CA)
- 22. Mai: **Harvey Milk Day** (kalifornischer Feiertag)
- Letzter Montag im Mai: **Memorial Day**
- 19. Juni: **Juneteenth** („Black Independence Day“)
- 4. Juli: **Independence Day**
- 1. Montag im September: **Labor Day**
- 2. Montag im Oktober: **Indigenous Peoples' Day**
- 11. November: **Veterans Day**
- 4. Donnerstag im November: **Thanksgiving Day**
- 25. Dezember: **Christmas Day**

LOS ANGELES VERSTEHEN

122la Abb.: mb

„On my Way to L.A." – mit seinem noch heute gern gespielten Hit brachte Phil Carmen, ein Schweizer Musiker mit kanadischen Wurzeln, 1985 den Traum vieler auf den Punkt. Die Stadt zieht seit Jahrhunderten Menschen magisch an und ist eine der multikulturellsten der Welt. Andererseits ist in der Metropole vieles nur „fake", Täuschung oder Schein, und der gute Eindruck, Sehen und Gesehenwerden sind alles in L.A. ...

Los Angeles – ein Porträt

L.A. ist keine Stadt, zumindest keine im eigentlichen Sinne, sondern ein Konglomerat aus Gemeinden, Städten und „neighborhoods" (Stadtvierteln), aus unterschiedlichsten Ethnien und Gesellschaftsgruppen. Es gibt nicht wie in anderen Städten ein dominantes Zentrum, sondern vielmehr zahlreiche gleichwertige Städte wie West Hollywood oder Beverly Hills und Viertel wie Downtown und Hollywood als bekannteste.

☒ Vorseite: Das InterContinental L.A. Downtown ist eines der höchsten Gebäude der Stadt

Dabei sind viele Viertel nicht – wie in New York oder San Francisco – allein von einer Ethnie geprägt. Es gibt einige relativ homogene *neighborhoods* wie Little Tokyo, Chinatown oder Little Korea, andererseits aber auch viele stark durchmischte. South L.A., einst berühmt-berüchtigtes afroamerikanisches Viertel, erlebte auch aufgrund des anhaltenden Zuzugs lateinamerikanisch-mexikanischer Angelenos einen völligen Wandel. East L.A. ist also längst nicht mehr das einzige „Mexikanerviertel". Der Spanisch sprechende Anteil an Menschen macht in L.A. mittlerweile insgesamt fast die Hälfte der Bevölkerung aus. Nur die Westside, wo die noblen Viertel und Gemeinden liegen, ist großteils noch in „weißer", nicht-hispanischer Hand.

Wie viele **Menschen** wirklich im Großraum Los Angeles leben, weiß niemand so genau, es hängt auch davon ab, wie man diesen definiert. Zumeist ist damit Greater Los Angeles, die **Five-County Area**, der Zusammenschluss von fünf Landkreisen – Los Angeles, Riverside, Ventura, Orange und San Bernardino County – gemeint, der insgesamt eine Fläche von etwa 87.500 km² und um die 200 Gemeinden und Städte umfasst. Die Schätzungen belaufen sich dafür auf etwa 19 Mio. Einwohner.

KURZ & KNAPP

Los Angeles in Zahlen

- **Gründung:** 4. September 1781
- **Stadtfläche:** ca. 10.300 km² (City of L.A.), 87.500 km² (Greater L.A.)
- **Einwohner:** ca. 4 Mio. (City of L.A.), L.A. Metro Area: ca. 12,5 Mio.
- **Bevölkerungsdichte:** knapp 3300 EW/km²
- **Höchster Punkt:** 93 m über NN
- **Spitzname:** City of Angels

Das **Los Angeles County** gilt mit seinen 88 Städten und Gemeinden sowie um die 10 Mio. Einwohnern als bevölkerungsreichster Landkreis in den gesamten Vereinigten Staaten. Anders als in Chicago oder NYC muss sich die Bürgermeisterin von L.A. Macht und Aufgaben mit dem L.A. County teilen. Dementgegen wirkt die **City of Los Angeles** mit ihren knapp 4 Mio. Bewohnern eher klein – und ist dennoch nach New York die zweitgrößte US-Metropole. Die Stadt selbst besteht aus unzähligen *districts* und *neighborhoods* – z. B. Pacific Palisades, Brentwood, Hollywood, kurioserweise aber nicht West Hollywood oder Beverly Hills (eigene Städte) – und erstreckt sich von den Ausläufern der Santa Monica Mountains im Norden bis an den Pazifik im Westen und Süden auf vergleichsweise bescheidenen 1300 km² Fläche.

Föhn in L.A.

Die **Santa-Ana-Winde** sind berühmt-berüchtigt. Sie entstehen v. a. von September bis März bei steigendem Luftdruck im östlichen Great Basin und nehmen auf ihrem Weg Richtung L.A. an Hitze und Trockenheit zu. Sie erreichen Geschwindigkeiten von bis zu 140 km/h und sind bei den Angelenos wegen der Waldbrände, die sie anfachen, als „devil winds" gefürchtet – aber auch wegen der Stimmungsschwankungen, die sie angeblich hervorrufen, vergleichbar mit dem bayerischen Föhn. Schon Raymond Chandler beschrieb in „Red Wind" die „Santa Anas" als „those hot dry (winds) that come down through the mountain passes and curl your hair and make your nerves jump and your skin itch (…) Anything can happen!"

Vereinfachend könnte man die **Geografie** so beschreiben: Im Westen Wasser, im Osten Wüste. Beim Großraum von L.A. handelt es sich um ein Wüstenbecken, eine Ausbuchtung der **Mojave-Wüste**, die sich bis Las Vegas erstreckt. Gerahmt von den Santa Monica Mountains im Nordwesten, den San Gabriel Mountains im Nordosten und den Santa Ana Mountains im Süd-

Zwei der Zentren von L.A.: vorne Century City, hinten Downtown

019la Abb.: mb

osten, setzt im Westen der Pazifik dem Städtewachstum Grenzen. Er verhilft dem Großraum zu rund 120 km Küstenlinie und einer ununterbrochenen Kette von Stränden zwischen Malibu und Long Beach. Die Berge mussten sich längst dem Siedlungsdruck beugen. Immer mehr Besserverdienende zogen und ziehen in die Bergtäler und gehen das Risiko von Waldbränden, Erdrutschen und Wasserknappheit ein.

Grund für die **Erdbeben** sind die Malibu Coast Fault und die etwas weiter östlich L.A. verlaufende San Andreas Fault, dazu kommen mindestens 20 Nebenfalten im Großraum L.A. Das letzte große Erdbeben war 1994 das Northridge Earthquake mit einer Stärke von 6,7 auf der Richterskala.

Von den Anfängen bis zur Gegenwart

Als „Utopie vom Paradies" – so stellten sich die ersten nichtspanischen Siedler die Besiedelung der Region vor. Man dachte an idyllische kleine Orte, umgeben von Orangenhainen und Gemüsefeldern, doch Ölfunde und die Bevölkerungsexplosion in den 1920er-Jahren und nach dem Zweiten Weltkrieg machten diesen Traum zunichte.

Wie viele Gemeinden Kaliforniens geht auch L.A. auf eine **spanische Missionsstation** zurück. 1771 war „San Gabriel" gegründet worden und zehn Jahre später legten spanische Siedler den Grundstein für **El Pueblo de Nuestra Senora La Reina de Los Angeles.** Lange Zeit ein Nest am Ende eines alten Trails aus dem Südwesten und bevölkert von zwielichtigen Gestalten, trat erst ein Wandel ein, als 1885 die Atchison, Topeka & Santa Fe Railroad Company ihre südliche Transkontinental-Bahnlinie hier enden ließ. 1892 war ein gewisser Edward Doheny auf dem Salt Lake Field in West Park erstmals auf **Öl** gestoßen. Bohrtürme schossen wie Pilze aus dem Boden, Pipelines wurden gelegt und die Stadt wurde plötzlich bedeutend.

Als man 1913 mit einem Aquädukt das ständig über der Stadt schwebende Schreckgespenst der Wassernot in den Griff bekommen hatte, ging es weiter bergauf. Anfang des 20. Jh. gab die **Filmindustrie** ihr Debut. Sie machte sich die idealen klimatischen Bedingungen in Südkalifornien zunutze und L.A. entwickelte sich zum **Entertainment Capital of the World.** Aus dem staubigen mexikanischen Kaff war eine Weltmetropole geworden, die bereits zweimal **Olympische Sommerspiele** ausrichtete. 2028 wird sie ein drittes Mal zum Veranstaltungsort.

1542: Juan Rodríguez Cabrillo, portugiesischer Seefahrer in spanischen Diensten, erforscht die kalifornische Küste bis Santa Monica. Er geht nennt das Land „Alta California".

1579: Der englische Seefahrer Francis Drake nimmt Kalifornien als „New Albion" für England in Besitz.

1769: Alarmiert vom Vorrücken russischer Pelzhändler von Alaska nach Kalifornien starten die Spanier mit dem Offizier Gaspar de Portolá und dem Franziskanerpater Junípero Serra die Inbesitznahme von „Alta California". San Diego de Alcala wird als erste Militärbasis und Missionsstation gegründet, bis 1823 folgen entlang dem 800 km langen Camino Real, dem „Königsweg" zwischen Sonoma im Norden und San Diego im Süden, 21 weitere Missionen und Presidios (Militärstützpunkte).

1771 wird die Mission San Gabriel im Nordosten von L.A. gegründet.

4. Sept. 1781: Gründungsdatum der Stadt. An der heutigen Olvera Street entsteht **El Pueblo de Nuestra Senora la Reina de Los Angeles de Porciúncula.**

27. Sept. 1821: Mexiko wird „Unabhängige Republik", California ist eine Provinz.

1846–1848: Amerikanisch-mexikanischer Krieg. Am **13. August 1846** nehmen US-Soldaten das Pueblo kampflos ein. Mexiko verliert nach dem Friedensschluss alle Gebiete nördlich des Gila River. Aus ihnen entstehen später die Bundesstaaten Kalifornien, Arizona, New Mexico, Nevada und Utah.

24. Jan. 1848: Der Goldfund von James Marshall in Coloma bei Sacramento initiiert einen Goldrausch ungeahnten Ausmaßes.

9. Sept. 1850: Aufnahme Kaliforniens als 31. Bundesstaat in die Union.

1883: Die Southern Pacific Railroad als zweite transkontinentale Eisenbahnstrecke bringt New Orleans und L.A. zusammen. **1885** folgt die Santa Fe Railway zwischen L.A. und Chicago. Die vormals 10.000 Einwohner zählende Stadt wächst rapide an und erlebt einen wirtschaftlichen Aufschwung.

1892: Ölfunde auf dem Salt Lake Field in West Park, L.A.

1905: Der Ingenieur William Mulholland beginnt mit dem Bau eines Aquädukts, der Trinkwasser über rund 375 km von der Sierra Nevada nach L.A. bringt. Er wird **1913** eröffnet.

1908: Erste Filmarbeiten an der Westküste. Francis Boggs dreht eine Szene des „Grafen von Monte Cristo" in L.A. und **1910** produziert Regisseur D. W. Griffith der Stummfilm „In Old California" hier.

1910: Hollywood wird Stadtteil von L.A.

1912 gründet Carl Laemmle die „Universal Film Manufacturing Company" (Universal Studios).

1910–1930: Expansion, Immobilienspekulation und drei Industrien – Öl, Flugzeugbau und Film – sorgen für Aufschwung. Um 1930 ist die Einwohnerzahl auf 235.000 gestiegen.

1929: Der Arroyo Seco Parkway (Pasadena Freeway) entsteht als erste mehrspurige Straße und läutet das „Autozeitalter" ein.

1932: X. Olympische Sommerspiele in L.A.

1955: Eröffnung des weltweit ersten Vergnügungsparks „Disneyland" in Anaheim.

1965: Während der Watts Riots kommt es zu Rassenunruhen mit vielen Toten im Stadtteil Watts.

1967: Im Zuge des „Summer of Love" in San Francisco entwickelt sich der Sunset Strip von L.A. zum neuen Flowerpower- und Hippie-Treff.

1970er-Jahre: Zeit der Rassenkonflikte aufgrund der Zuwanderungsströme aus Mexiko, dazu viele Immigranten aus Korea, von den Philippinen, aus Taiwan und Hongkong. Handel und Textilindustrie boomen.

1973–1993: Tom Bradley wird als erster Afroamerikaner Bürgermeister und bleibt fünf Wahlperioden lang im Amt.

1984: XXIII. Olympische Sommerspiele, zum ersten Mal privat finanziert.

1992: Urteil im Rodney-King-Prozess – vier Polizisten, die einen schwarzen Motorradfahrer schwer misshandelt hatten, werden freigesprochen. Rassenkrawalle und bürgerkriegsähnliche Zustände haben den Tod von 50 Menschen und 1000 zerstörte Gebäude zur Folge.

1995: O.J. Simpson, ein berühmter Ex-Footballer, wird angeklagt, seine Ex-Frau und deren Bekannten ermordet zu haben. Es kommt erneut zu Unruhen.

23. Okt. 2003: Die Walt Disney Concert Hall wird eingeweiht.

17. Mai 2005: Wahl Antonio R. Villaraigosas zum 41. Bürgermeister. Er tritt am 1. Juli 2005 als erster mexikanisch-stämmiger Angeleno das Amt an.

Dez. 2008: L.A. LIVE 12 mit dem Grammy Museum eröffnet in Downtown.

127la Abb.: mb

Am **25. Juni 2009** stirbt Michael Jackson in seiner Villa in Beverly Hills.

Mai 2013: Bürgermeister-Neuwahlen. Der Demokrat Eric Garcetti – mit mexikanischen und jüdischen Wurzeln – gewinnt.

September 2015: Eröffnung des neuen Museums The BROAD

2015/2016: 30. Saison der L.A. Opera

2017: Garcetti wird für eine zweite Amtszeit wiedergewählt.

2018/2019: Die Los Angeles Philharmonic feiert ihren 100. Geburtstag.

2020: Das SoFi Stadium in Inglewood, die neue Heimat der beiden NFL-Teams Rams und Chargers (American Football), wird eröffnet, 2022 findet der Super Bowl LVI hier statt.

Dezember 2022: Karen Bass wird Bürgermeisterin. Sie ist die erste Frau im Amt und die zweite Amtsinhaberin afroamerikanischer Herkunft.

2023: 100-jähriges Jubiläum des Hollywood Signs, des LA Memorial Coliseums, der Warner Bros. Studios und des Millenium Biltmore Hotel.

Ende 2024: Fertigstellung des LACMA und der neuen Metro-Linie

2025: Das Lucas Museum of Narrative Art eröffnet.

2026: Der FIFA World Cup findet in L.A. statt.

2028: Zum dritten Mal finden Olympische Sommerspiele in L.A. statt.

Leben in der Stadt

Los Angeles steht synonym für Freeways und Autos, Freiheit und Toleranz, Strände und Stars, Schöne und Reiche. Es ist eine Stadt, die eigentlich keine Stadt ist, es gibt einen Fluss, der erst in den letzten Jahren als solcher entdeckt wurde, und hier leben Leute, denen man nicht ansieht, wie reich sie sind oder was sie arbeiten.

Das Leben in L.A. ist ungewöhnlich und allein die Größendimensionen machen eine andere Sichtweise notwendig. Während noch vor einigen Jahren kaum jemand die Innenstadt kannte, geschweige denn dort wohnte, ist heute im Stadtzentrum einiges geboten.

Wirtschaft und Tourismus

Der Tourismus ist nach dem internationalen Handel der zweitgrößte Wirtschaftsfaktor. Der **Fremdenverkehr** sorgt für mehr als eine halbe Million Arbeitsplätze. 2019 (vor der COVID-19-Pandemie) kam eine Rekordzahl von 50,7 Mio. Besuchern in die Stadt, davon 7,5 Mio. internationale Gäste. 2022 hatte man bereits wieder 91 % des alten Rekords erreicht (6,2 Mio. internationale Gäste, davon rund 160.000 Deutsche) und 2023 strebt man die 2019er-Zahlen an.

In Sachen **Import/Export** bekleidet L.A. den ersten Rang in den USA, der **Hafen L.A.–Long Beach**, der Port of Los Angeles, zählt zu den größten der Welt und ist der größte Containerhafen Amerikas. Ebenfalls ein wichtiger Arbeitgeber ist der **Flughafen LAX**, der in Sachen Passagieraufkommen und Zahl der Flüge nach Atlanta an zweiter Stelle in den USA steht. Zu den „Los Angeles World Airports" (LAWA) gehört außer LAX auch der Van Nuys Airport (VNY). In der Nähe liegt außerdem der LA Ontario International Airport (ONT, www.flyontario.com).

Die **Filmindustrie** sorgt jährlich für prall gefüllte Kassen und der Ruf als „Entertainment Capital of the World" und als **Kulturzentrum** mit mehreren Hundert Museen und dem Walk of Fame als Hauptattraktion ist beachtlich. Neben der Unterhaltungsindustrie spielt seit den späten 1920er-Jahren, besonders seit dem Zweiten Weltkrieg, der **Flugzeugbau** eine große Rolle, außerdem machen Technologie, Öl und die Textilindustrie die Stadt zum **größen Herstellungszentrum im Westen.**

In L.A. gibt es zahlreiche **„Fortune 500 Companies"** (Firmen, die sich unter den Top-500 – nach Umsatzstärke – des Fortune-Magazine-Rankings befinden) wie Health Net oder Reliance Steel & Aluminum sowie bekannte Unternehmen wie die Disney Company oder der Spielzeughersteller Mattel. Ebenfalls in L.A. angesiedelt haben sich 20th Century Fox, Guess, Sketchers, Paramount Pictures oder Sony Pictures Entertainment. Als größter Arbeitgeber im Privatsektor gilt die **University of Southern California (USC)**, wobei sie nur die größte Bildungsstätte unter rund 200 Colleges und Unis im Großraum ist. Andere wichtige sind UCLA, California Institute of Technology, University of California, Pepperdine University oder Loyola Marymount.

2028 ist L.A. erneut Austragungsort der Olympischen Sommerspiele

Stadtentwicklung und -planung

Als die Stadt 1781 gegründet wurde, wurde lediglich eine Plaza ausgemessen und Grundstücke für 24 Siedlerfamilien wurden eingeteilt. 1800 sollen 315 Menschen und 12.500 Kühe in L.A. gelebt haben und noch in den 1890er-Jahren maß das Stadtgebiet nur rund 73 km². Die Stadt wuchs erst sehr langsam, dann aber explosionsartig: Von 4000 Einwohnern (1910) stieg die Zahl der Angelenos in nur 20 Jahren auf 235.000 und heute sind es rund 4 Mio.!

Der ursprüngliche Stadtkern lag im heutigen Downtown, die ersten größeren Ergänzungen bezogen sich auf Highland Park und Garvanza im Norden sowie South Los Angeles. Dank weiterer Eingemeindungen, zuletzt 1910 die von Hollywood, wuchs die Stadt stetig an. Mit der Eröffnung der L.A. Stock Exchange in Downtown im Jahr 1929 wurde sie zur Finanzhauptstadt an der Westküste und viele öffentliche Bauten entstanden in der Folge.

Während des Zweiten Weltkriegs gewann die Flugzeugindustrie an Bedeutung, viele neue Fabriken und damit **große Schlafgemeinden** entstanden. Im Krieg strömten allein über 200.000 Afroamerikaner aus den Südstaaten auf Jobsuche nach L.A. und die Enge in den Wohngebieten in **South Central** wurde unerträglich. Auch die Mexikaner hatten mit **schlechten Wohnbedingungen** in **East L.A.** zu kämpfen und Konflikte standen auf der Tagesordnung. In den 1930er-Jahren erreichte ein neuer mexikanischer Immigrantenstrom gleichzeitig mit vielen Asiaten die Stadt und die Latinos begannen, sich auch im vormals „schwarzen" South Central breitzumachen.

Die Nachkriegszeit brachte **massives Wachstum**, aber auch Mangel an erschwinglichen Wohnungen, Schulen und Sozialeinrichtungen. Die Jahre von 1947 bis in die 1960er-Jahre standen im Zeichen des **Straßenbaus** und dieser wiederum hatte die **Erschließung entfernt gelegener Gebiete** wie des San Fernando Valley oder des Orange County zur Folge. Damit verbunden ging die Stadt in die Breite, **Suburbanisierung** setzte ein, der Autoverkehr nahm zu und Leute akzeptierten immer längere Wege zwischen Arbeitsstätte und Heim.

Los Angeles galt lange als **„horizontale Stadt"**, als in die Breite wuchernder Moloch. Lebten 1930 noch 94 % der Bevölkerung in Einfamilienhäusern, entstanden v. a. in der Nachkriegszeit verstärkt große Apartmentblöcke. 1973 eröffnete der **erste Wolkenkratzer** in Bunker Hill, andere folgten. Mittlerweile hat das **Bauen in die Höhe** – auch dank neuer Techniken im erdbebensicheren Bauen – die Oberhand gewonnen. Grund und Boden sind zum teuren Gut geworden und auch durch die Krisen der letzten Jahrzehnte sind die Obdachlosenzahlen angestiegen. Viele Menschen leben in Zelten auf aufgelassenen Arealen überall in der Stadt. Erste Hilfsangebote sind vorhanden (s. S. 66).

Gesellschaft und Ethnien

Los Angeles ist eine der **multikulturellsten Städte der Welt** – über 200 Ethnien und 80 Sprachen sollen vertreten sein, darunter z. B. eine große iranische Gruppe, die „Teherangeles", eine äthiopische Gemeinde und eine jüdische Gruppe, die in der „Jewish West Side" (Wilshire Blvd.) lebt. Ein „Melting Pot" oder Schmelztiegel ist L.A. aber ebenso wenig wie New York: Menschen unterschiedlicher Ethnien leben nebeneinander und hin und wieder auch gegeneinander.

Es sind die **Hispanos**, die die Bevölkerungsmehrheit stellen, den Ton angeben und das Bild prägen. Ihr Prozentsatz hat sich in den letzten Jahren fast verdreifacht und sie repräsentieren mit über 48 % der Stadtbevölkerung den größten Latinoanteil in ganz USA. Es gibt mexikanische Tageszeitungen, TV- und Radiosender und ausschließlich in Spanisch unterrichtende Schulen. Die konstante Zuwanderung von **Mexikanern** zwischen 1910 und 1930 und seit den 1990er-Jahren sorgte für ein Übergewicht der Latino-Gemeinde.

9 % der knapp 4 Mio. Angelenos sind Afroamerikaner, wobei ihre Zahl rückläufig ist. Weiße nicht-hispani-

047la Abb.: mb

123la Abb.: mb

scher Herkunft machen rund 28 %, Asiaten 12 % aus (Stand 2020). 1910 waren es noch etwa 36 % **Afroamerikaner**, in den 1920er-Jahren wuchsen die Rassenschranken und South Central und Watts wurden zu Rückzugsgebieten. Diese früheren „Schwarzenviertel" in South L.A. werden in den letzten Jahren zunehmend von Latinos vereinnahmt, während zu Geld gekommene Afroamerikaner wegzogen, z. B. nach View Park („Black Beverly Hills"). Noch 1960 zählte L.A. den größten Schwarzenanteil in einer amerikanischen Stadt. Mit den Watts-Unruhen 1965 wuchsen Hass und Widerstand und der schon früher schlechte Ruf der Los Angeles Police (LAPD) – die damals v. a. durch brutale Übergriffe, Korruption und Vorurteile gegen Afroamerikaner und Latinos von sich Reden machte – verschlechterte sich weiter.

Die Chinesen und ihr Chinatown spielten seit der Gründung von L.A. eine bedeutende Rolle, da sie gleichermaßen am Eisenbahnbau wie am Goldrausch beteiligt waren, später auch am Bau der Aquädukte. Seit dem Zweiten Weltkrieg stieg der **asiatische Bevölkerungsanteil** konstant an, v. a. Zuwanderer von den Philippinen, aus Korea, Japan und Taiwan gesellten sich dazu. „Asian-Americans" stellen heute die drittgrößte Bevölkerungsgruppe.

L.A. Goes Green

Selbst wenn meist eine Smog-Glocke über der Stadt hängt und das Verkehrsaufkommen hoch ist, tut sich in Los Angeles in letzter Zeit viel in Sachen Umwelt und Klimaschutz. So wird das Autobahnnetz seit Jahrzehnten nicht erweitert, dagegen schreitet der Ausbau des **öffentlichen Nahverkehrs** voran. Die Schnellbahn **Metro Rail** umfasst inzwischen sieben Linien und mehr als 160 km Streckennetz. Mit **Metro Bike Share** gibt es zudem ein Fahrradverleihsystem mit mittlerweile über 150 Stationen und 1500 Rädern.

Obwohl noch immer ein beträchtlicher Teil des benötigten Stroms in Los Angeles aus Kohlekraftwerken in

⌃ Windkraftwerke in den San Bernardino Mountains erzeugen Strom für die Stadt

< In die Höhe bauen, anstatt in die Breite wuchern – man versucht, aus früheren Fehlern zu lernen

Hollywood: Jahrmarkt der Eitelkeiten

„Where the streets are paved with gold!" – Hollywoods Straßen sind zwar nie mit Gold gepflastert gewesen, doch Glamour, Glitzer und Glimmer, Stars und Sternchen, Dollars und Big Business sind hier immer noch zu Hause. Zwar ist einiges vom **Glanz und Mythos** dieses legendären Stadtviertels von L.A., in dem seit 1910 Filmgeschichte geschrieben wird, abgeblättert, doch in den letzten Jahren hat man sich erfolgreich bemüht, das Zentrum um die Kreuzung Hollywood und Highland wieder aufzupolieren. Besucher bestaunen nun wieder die einbetonierten Fuß- und Handabdrücke vor **Grauman's Chinese Theatre** und suchen auf dem **Walk of Fame** nach den bronzegerahmten Terrazzosternen ihrer Lieblingsstars.

Vom einstigen „Jahrmarkt der Eitelkeiten" merkt man heute nicht mehr viel: „The Industry", wie man die Filmwelt nennt, und das Showbiz haben sich in andere Regionen der Megalopolis Los Angeles zurückgezogen. Auch die **Stars** besitzen heutzutage **Traumvillen** in den Nobelvierteln Beverly Hills, Bel Air, Westside, Malibu oder im San Fernando Valley, wo sie abgeschottet und rund um die Uhr bewacht residieren. Dort ist es schon auffällig am Straßenrand zu stoppen und erst recht zu Fuß unterwegs zu sein.

Die Spitzenimmobilien findet man derzeit in **Bel Air** und v. a. in **Beverly Hills**, 1907 von Wilbur Cook gegründet und seit den 1920er-Jahren beliebt bei Stars und Prominenten. Bis heute fühlen diese sich in den palmengesäumten Avenues und schicken Einkaufsboulevards wohl. Wer den **Rodeo Drive**, seit 1914 die Shopping- und Promeniermeile von Beverly Hills, entlangschlendert, flaniert möglicherweise Seite an Seite mit Schauspielern, Millionären und Ölscheichs.

Die **Filmindustrie** gab zu Beginn des 20. Jh. ein recht profanes Debut: mit 5-Penny-Peepshows. 1908 wurden erstmals Dreharbeiten an die Westküste verlegt: Francis Boggs drehte eine Szene des „Grafen von Monte Cristo" in L.A., ein Jahr später produzierte Regisseur D. W. Griffith Teile des Stummfilms „In Old California" und 1911 eröffnete David Horsleys **Nestor Company** ein erstes Filmstudio. 1912 gründete dann der deutschstämmige Carl Laemmle die „Universal Film Manufacturing Company", später in **Universal Studios** umbenannt. Mehr und mehr

Arizona und Utah stammt, ist die Erzeugung eigener und **erneuerbarer Energien** mittlerweile in Schwung gekommen: von mit Erdgas betriebenen Kraftwerken und Solarenergie (Mojave Desert) über Wasserkraftwerke entlang dem Los Angeles Aqueduct und Biokraftwerken bis hin zu Windkraftanlagen in den San Bernardino Mountains. Die **Wasserversorgung** wird hingegen ein immer größeres Problem, da Wasser großteils mittels Aquädukten aus dem Nordosten Kaliforniens, vom Mono Basin und Owens Valley bzw. aus dem Colorado River hergeleitet werden muss.

Vegetarische oder vegane Küche, „sustainable seafood", Fleisch aus tierfreundlicher Haltung und frei von Hormonen, saisonale und regional produzierte **Lebensmittel** sind verbreitet. Biobauern betreiben auf Stadtge-

unabhängige Unternehmen siedelten sich in Hollywood und Burbank an und schon um 1915 wurde die Mehrzahl aller amerikanischen Filme in Hollywood produziert.

Hollywood war zur **Welthauptstadt der Filmindustrie** geworden und prächtige, exotische Kinopaläste wie Grauman's Chinese Theatre oder The Egyptian entstanden. Doch die Ära unvergessener Monumentalstreifen wie „King Kong" (1933) oder „Gone with the Wind" (1939) erhielt nach dem Zweiten Weltkrieg Konkurrenz durch die **TV- und Musikindustrie:** 1947 nahm **KTLA** als erster Sender den Betrieb auf, 1952 folgte **CBS.** Eine Zeit der billigen TV-Serien-Produktionen in den 1960er-/1970er-Jahren läutete fast den Ausverkauf von Hollywood ein. Erst ab den 1990er-Jahren sorgten Filme wie „Jurassic Park", „Pretty Woman" oder „Titanic" wieder für Aufmerksamkeit und volle Kassen und machten Hollywood erneut zur Ikone für eine finanzkräftige Film-, Medien- und Unterhaltungsbranche.

› Über Filme, die in L.A. spielen, informiert: www.discoverlosangeles.com/things-to-do/the-best-movies-tv-shows-starring-los-angeles

biet kleine Farmen und haben sich zur **South Central Farmers' Cooperative** (http://scfcoop.southcentralfarmers.com) zusammengeschlossen. Auf Wochenmärkten (s. S. 83) bieten sie ihre Produkte an und liefern ihre Waren auch als „Grüne Kisten" an Haushalte.

Parks und **Gärten** mitten im Hochhaus-Dschungel gelten als grüne Lungen einer Stadt, in Downtown L.A. beispielsweise die Grünflächen an der Walt Disney Concert Hall 8 oder am BROAD 9, der Grand Park oder in Hollywood der Hollywood Forever Cemetery 22. Der **Griffith Park** 38 ist der größte Stadtpark in den USA und präsentiert sich nicht nur als Erholungsoase, sondern auch als Wildnis mit verschiedenen Ökozonen und einer Vielfalt an Flora und Fauna.

„TreePeople" (www.treepeople.org) ist eine Umweltschutzorganisation, die sich für Pflanzaktionen, umweltfreundliche Bewässerung (Regenwasser) und die Wiederinstandsetzung vernachlässigter Grundstücke einsetzt. Sie leisten Aufklärungsarbeit in Schulen und Wohnvierteln und betreiben das Center for Community Forestry im Coldwater Canyon Park. The **Surfrider Foundation** (https://la.surfrider.org) widmet sich den Stränden am Pazifik und veranstaltet regelmäßige „Beach Clean-up Days". Für die Renaturierung des Los Angeles River, der z. B. in Frogtown schon zu neuem Leben erweckt wurde, engagieren sich die **Friends of the Los Angeles River** (https://folar.org).

Ein Beispiel für **„grüne" Architektur** befindet sich am Sunset Strip in West Hollywood: Ein neongrünes, kreisrundes Gebäude (8760 W. Sunset Blvd., erbaut 1967) ist Sitz von Mutato Muzika, einer Musik-Produktionsfirma. Als energetisch und bautechnisch vorbildliche Bauten gelten zudem der Tom Bradley International Terminal am Flughafen LAX, The BROAD oder die Caltrans District 7 Headquarters (100 S Main St) in Downtown. Von Photovoltaik-Panelen bis hin zu Energieeinsparung ist Letzteres ein Musterbeispiel für grünes Bauen, ebenso das **Audubon Center at Debs Park** (https://debspark.audubon.org), wo man zudem die Vogelvielfalt erkunden kann.

„Love affair“ mit dem Auto

„We’re gonna ride it ’til we just can’t ride it no more / From the South Bay to the Valley / From the West Side to the East Side ...“

Die eigenwillige Liebeserklärung des Liedermachers Randy Newman an „seine“ Stadt in dem Song **„I Love LA“** bringt die Bedeutung des Autos für den Angeleno auf den Punkt. Denn dass die Bewohner eine *love affair* mit ihrem fahrbaren Untersatz haben, ist eine Tatsache. Wer einmal länger in L.A. gewesen ist, weiß, warum das Auto für einen Angeleno zur „zweiten Wohnung“ geworden ist. Autobahnen räkeln sich wie die Arme einer riesigen Krake durch die Landschaft und scheinen sich unauflöslich zu verheddern. L.A. ist eine **Autostadt** und obwohl der **öffentliche Nahverkehr** stetig ausgebaut wird – das Schnellbahnnetz gilt schon jetzt als eines der längsten der Welt –, kann man in L.A. eigentlich nie aufs Auto verzichten: „Going to LA without a car is like going to NY without shoes – it’s possible, but painful!“

Bereits 1915 besaßen die 750.000 Einwohner der Region über 55.000 Autos und schon damals war **cruising**, das ziellose Herumfahren mit dem Auto unter dem Motto „sehen und gesehen werden“, eines der beliebtesten Freizeitvergnügen. 1940 war mit dem Arroyo Seco Parkway von Downtown nach Pasadena der **erste vierspurige Highway** mit einem Limit von 45 mph eröffnet worden, es folgte der achtspurige Hollywood Freeway (Downtown–Hollywood–San Fernando Valley), dessen erster Abschnitt ebenfalls 1940 eröffnete. Als Präsident Eisenhower 1956 den „Federal-Aid Highway Act“ zum Bau eines US-weiten Interstate-Systems ausrief, war das Freeway-Netz in Los Angeles bereits weit gediehen. In rund 15 Jahren entstanden gut 320 km an Freeways um L.A. und erst Mitte der 1970er-Jahre flaute die Bauwut ab – heute umfasst das Freewaynetz der Stadtautobahnen etwa 1000 km!

Ab den 1930er-Jahren war mit den Straßen zugleich eine **„drive-up and drive-thru culture“** aufgekommen.

Einen guten Überblick über die Autokultur der Metropole und die Autos von gestern, heute und morgen gibt das sehenswerte **Petersen Automotive Museum** 28.

Wachsende Mobilität, zunehmender Dezentralismus und schier unbegrenztes Siedlungswachstum sind Ursachen für die „Automanie“ in L.A. Selbst zum Einkaufen muss man mehrere Kilometer fahren. Inzwischen sind aber die Grenzen der *car culture* erreicht und seit einigen Jahren konzentrieren sich die Stadt und das Nahverkehrsunternehmen METRO auf den **Ausbau des Schienennahverkehrs.** Viele Ziele sind für Besucher bereits ohne Auto erreichbar, z. B. Downtown, Hollywood, NoHo, Expo Park, Santa Monica, Long Beach, die Museum Row @ Miracle Row (LACMA etc.) und bald auch der Flughafen. Unter Ägide von METRO entstand zudem ein **Bike-Sharing-System,** das (zumindest auf Kurzstrecken) für Entlastung sorgen soll. Außerdem wurden mehr *carpool lanes* für Fahrgemeinschaften geschaffen. Eine interessante Website zum Thema ist www.discoverlosangeles.com/travel/los-angeles-public-transit.

PRAKTISCHE REISETIPPS

124la Abb.: mb

An- und Rückreise

Mit dem Flugzeug

Lufthansa fliegt von Frankfurt und München, Condor von Frankfurt aus **nonstop** zum **Los Angeles International Airport (LAX)**. Austrian Airlines fliegt von Mai bis Oktober ebenfalls nonstop von Wien und SWISS/UA ganzjährig von Zürich.

Einen Flug mit **Zwischenstopps** bieten zahlreiche Gesellschaften, zu bedenken ist jedoch, dass bei einer reinen **Flugzeit** von 11,5 bis 12,5 Stunden eine Flugverbindung mit mehr als einem Zwischenstopp nicht empfehlenswert ist.

Die **Flugpreise** (hin und zurück) bewegen sich zwischen 700 € (Nebensaison, Sonderangebote, mit Stopp) und bis zu 2000 € (nonstop bzw. in der Hauptsaison). Dazu kommen häufig Gebühren fürs Gepäck und die Sitzplatzreservierung.

Die **Zeitverschiebung** zwischen Deutschland und L.A. beträgt 9 Std. Der Großteil der Flugzeuge landet am Nachmittag oder frühen Abend und deshalb sind die Auswirkungen des **Jetlag** zu Anfang nicht gravierend. Schwieriger ist die Zeit nach dem Rückflug, da man nach durchwachter Nacht am Morgen ankommt.

Ankunft

LAX [bi] liegt 27 km von Downtown entfernt, am Pazifik, im Stadtteil Inglewood. Es handelt sich bezüglich Passagieraufkommen und Frachtmenge um den zweitgrößten Flughafen der USA. Das 1959 erbaute Ufo-artige „Theme Building" ist das Wahrzeichen des Flughafens. Es wird von neun Terminals umgeben. Internationale Flüge starten und landen am Tom Bradley International Terminal (TBIT).

- **Infos zum Flughafen:** www.lawa.org, www.airport-la.com, www.flylax.com, Info-Tel. 855 4635252
- **Fundstelle** (Lost and Found): www.flylax.com/lost-n-found

2024 wird die neue **Metro K Line** den Flughafen an das Metronetz anschließen. Von den Terminals bringt ein APM (Automated People Mover, eine Hochbahn) Reisende zur Metro-K-Station und zur neuen Car Rental Station.

Sämtliche **Verkehrsmittel**, Vans, Shuttlebusse (zu Mietwagenstationen, Hotels etc.), Busse, Taxis, Fahrdienste wie Uber oder Lyft sowie der LAX Shuttle fahren im (unteren) **Arrival Level** vor jedem Terminal ab und sind ausgeschildert. „Departure" und „Ticketing" befinden sich ein Stockwerk darüber.

Vom Flughafen in die Stadt

- per **Bus und Metro Rail:** Ab Ende 2023 soll der APM (Automated People Mover, www.lawa.org/connectinglax/automated-people-mover) die Terminals, das LAX City Bus Center, das Rental Car Center und ab 2024 zudem den neuen Stopp der Metro K Line verbinden. Bis zur Fertigstellung verkehren noch Shuttlebusse (siehe: www.flylax.com/lax-traffic-and-ground-transportation). Solange der Anschluss an die Metro K Line noch nicht realisiert ist, muss man mit Shuttlebussen (Pink Sign) zur Aviation Station fahren, um dort in die Metro C Line einzusteigen, die in die Stadt führt (www.flylax.com/lax-traffic-and-ground-transportation).
- Per Bus: **LAX-FlyAway-Busse** (blau) verkehren vom Lower/Arrivals Level jedes

◁ *Vorseite: Life in the Fast Lane ... in L.A. herrscht immer dichter Verkehr*

Terminals zur Union Station (Downtown), nach Westwood (West Los Angeles), Hollywood, Santa Monica und Van Nuys (San Fernando Valley), tagsüber mind. alle 30 Min., nachts etwa stündlich. Infos hierzu: www.flylax.com/en/flyaway-bus.

- Per **Klein(Shuttle-)bus:** Am Ground-Transportation-Schalter in jedem Terminal gibt es Auskünfte und Tickets für *door-to-door shuttle van service* zu einzelnen Hotels, z. B. SuperShuttle (www.supershuttle.com/locations/losangeles-lax).
- Per **Mietwagen** geht es von der LAX Consolidated Rent-A-Car Facility (erreichbar über den neuen APM) via Century Blvd. zur I-405 (San Diego Freeway) und von dort, je nach Fahrtziel, nordwärts Richtung Hollywood bzw. südwärts zur I-105 und I-110 Richtung Downtown.
- Mit dem **Taxi** kostet die Fahrt nach Downtown einen Festpreis von rund $ 55 ohne Trinkgeld, ansonsten je nach Fahrtziel zwischen etwa $ 70 (West Hollywood, Beverly Hills) und $ 90 (Hollywood). Die Fahrtdauer beträgt günstigstenfalls 25–35 Min.

Mit Bahn oder Bus

Die Eisenbahngesellschaft Amtrak bzw. **Amtrak California** verkehrt entlang der Westküste und bietet sich gut für Städtetrips an. Anlaufpunkt der Züge ist in L.A. Downtown die **Union Station ❷**. Hier halten jedoch nicht nur die Überlandzüge, sondern auch drei Metro-Rail-Linien (B/D/L) und Metrolink-Nahverkehrszüge (s. S. 126).

- Der **Pacific Surfliner** verbindet mehrmals täglich L.A. mit San Diego, einige Züge fahren weiter bis Santa Barbara und San Luis Obispo.
- Der **Coast Starlight** fährt täglich von L.A. über San Francisco und Portland nach Seattle bzw. zurück.
- Der **Southwest Chief** pendelt täglich zwischen Chicago und L.A. quer durch Arizona, New Mexico (Albuquerque), Kansas (Kansas City) und Missouri.
- Der **Sunset Limited** verbindet dreimal wöchentlich L.A. mit New Orleans über Tucson und San Antonio.
- **Infos:** www.amtrak.com

Der **Greyhound-Busbahnhof** (www.greyhound.com) befindet sich an der Union Station ❷, Abfahrten im Südosten, an der Patsaouras Transit Pla-

LAX – einer der größten Flughäfen der Welt

125la Abb.: LATourism

za. Darüberhinaus gibt es **Busgesellschaften** wie Megabus (https://us.megabus.com/) oder Flixbus (https://global.flixbus.com).

Per Schiff

Kreuzfahrtschiffe legen am World Cruise Center (Anleger 91, 92, 93A/B, 100 E Swinford St.) in San Pedro an und ab. Von hier gibt es verschiedene Shuttle-Services (https://sanpedro.com/cruise-ships). Zur Metrostation Downtown Long Beach (A Line) sind es gut 3 km.

Autofahren

Autofahren ist in den USA normalerweise entspannend, denn man fährt hier defensiv und gemächlich – leider ist L.A. eine Ausnahme. Lebhafter Verkehr, Staus und eine eher **temperamentvolle** und **unvorhersehbare Fahrweise** machen das Herumkommen in der Stadt nicht immer stressfrei und dazu sind die Parkgebühren astronomisch hoch. **Informationen zum Parken** gibt es unter www.bestparking.com/los-angeles-ca-parking. Wer einen **Strafzettel** bekommen hat, erhält Infos zur Bezahlweise auf www.lacourt.org/division/traffic/TR0009.aspx.

Besonders zu vermeiden sind Fahrten während der *rush hour* – normalerweise 7 bis 9 und ab 15/16 bis 20 Uhr. Trotz Navi – sei es auf dem Smartphone (z. B. mit der Gratis-App WAZE, für iOS und Android) oder im Auto – empfiehlt es sich, zur Orientierung vorab eine Karte zu studieren. Auch ein aufmerksamer Beifahrer ist vorteilhaft.

Tipps zum Autofahren findet man unter:

- www.discoverlosangeles.com/travel/the-guide-to-driving-in-los-angeles.

Der amerikanische Automobilclub AAA versorgt Reisende bei Vorlage einer ADAC-, ÖAMTC- oder TCS-Mitgliedskarte gratis – sonst gegen Gebühr – mit aktuellem Kartenmaterial. Es gibt mehrere Filialen im Großraum L.A., z. B.:

- •192 [dh] **AAA (L.A.),** 2601 S Figueroa St.
- •193 [c4] **AAA (West Hollywood),** 8761 Santa Monica Blvd.

Einen **Mietwagen** bucht man am besten schon zu Hause, da die angebotenen Komplettpakete günstiger sind als eine Buchung vor Ort. Abgesehen von den großen Firmen wie Avis (www.avis.de), Alamo (www.alamo.com) oder Hertz (www.hertz.com) gibt es auch günstige Mietwagen-Broker (www.mietwagen.de).

Bei **Pannen** schicken Verleihfirmen von Mietwagen – sofern möglich – einen **Servicewagen,** ansonsten sollte man den **AAA-Pannendienst** verständigen. Bei kleineren Defekten kann der Wagen an der nächsten Vermietstation repariert oder umgetauscht werden.

- **ADAC/ÖAMTC-Notruf:** Tel. +49 89 222222 bzw. +43 1 25 12000 (ÖAMTC)
- **AAA-Pannenhilfe:** Tel. 1 800 2224357

Besondere Verkehrsregeln

- **Geschwindigkeiten** (sofern nicht anders angegeben): Stadtgebiet 25 mph (40 km/h), Freeways: 65 mph (104 km/h). **Speeding** (zu schnelles Fahren) wird scharf überwacht und hart bestraft.
- **Rechtsabbiegen** bei Rot ist erlaubt, wenn es gefahrlos möglich und kein Schild „No turn on red" (Abbiegen bei Rot verboten) angebracht ist.

Kleines Straßen-Einmaleins

Es ist nicht so schwer, sich im Autobahn- und Straßenwirrwarr von L.A. zurechtzufinden, beherzigt man ein paar allgemeine Hinweise: Boulevards verlaufen meist in Ost-West-Richtung, Avenues dagegen meist nord-südlich. Der **„Nullpunkt“** befindet sich an der Ecke 1st/Main St. in Downtown, davon ausgehend werden die Hausnummern gezählt und die Himmelsrichtungen zugefügt: z. B. heißt die Fairfax Ave. nördlich der 1st St. „North Fairfax“, südlich „South Fairfax“.

Freeways tragen **Nummern und Namen,** dabei sind I–5 (Nord–Süd) und I–10 (West–Ost) die beiden wichtigsten Überlandautobahnen. **Interstates** mit dreistelligen Nummern (z. B. I–405) sind Umgehungsstrecken zu diesen beiden Hauptachsen. Daneben gibt es überregionale Straßen **(US Hwy.)** sowie Staatsstraßen **(CA Hwy.)**. Die wichtigsten sind:

- **I–5** (Golden State Freeway/Santa Ana Freeway): wie die US 101 nordwestlich von Downtown in die Valleys und weiter nach San Francisco (Norden) bzw. Richtung Anaheim (Orange County) und San Diego (Süden) verlaufend.
- **I–10** (Santa Monica Freeway/San Bernadino Freeway): quert L.A. ausgehend von Santa Monica in West-Ost-Richtung und trennt Hollywood, Beverly Hills und Midtown von South L.A. Folgt dem Verlauf der legendären Route 66!
- **US 101** (Hollywood Freeway/Ventura Freeway): besser bekannt als „Pacific Coast Hwy.“, verläuft von San Diego im Süden bis Olympia (Washington State) im Norden entlang der Küste.
- **I–110/Hwy. 110** (Harbor Freeway/Pasadena Freeway): in Nord-Süd-Richtung, westlich von Downtown.
- **I–405** (San Diego Freeway): Nord-Süd-Achse in der Westside der Stadt
- **I–210** (Foothill Freeway): verläuft parallel zur I–5 im Norden und zur I–10 im Osten.
- **I–710** (Long Beach Freeway): führt von L.A. nach Long Beach.
- **CA Hwy. 1:** Nebenroute des Pacific Coast Hwy., direkt entlang der Pazifikküste
- **CA Hwy. 2** (Glendale Freeway): wird nordwestlich von Downtown zum Santa Monica Blvd., verläuft durch Hollywood nach Santa Monica.

- **Auf- und Abfahrten** sind in Kalifornien nach Meilen nummeriert und können sich auch links befinden.
- **Rechts überholen** bei mehreren Spuren ist erlaubt.
- **Car Pools** sind ausgewiesene, teils „eingemauerte“ Spuren – *High Occupancy Vehicle (HOV) lanes* – für Fahrgemeinschaften (meist ab 2 Pers.) oder Busse, die beschleunigtes Durchkommen im Stadtgebiet ermöglichen und weniger Abzweigungen aufweisen.
- **Alkohol** darf nur im Kofferraum transportiert werden. Es gilt eine 0,5-‰-Grenze, Verstöße werden streng geahndet.
- Eine Gallone (3,8 l) **Normalbenzin** *(unleaded regular)* kostete im Frühjahr 2023 ca. $ 4,50 (Details: www.gasbuddy.com).
- **Vorfahrt:** Rechts vor links existiert nicht, stattdessen gibt es Stoppschilder, die nach dem Prinzip „wer zuerst kommt, fährt zuerst“ funktionieren.

Barrierefreies Reisen

L.A. ist ein gutes Reiseziel für Menschen mit einer Behinderung *(handicapped/disabled people).* Ausgewiesene **Parkplätze, Aufzüge** und **Fußwegabsenkungen** sind generell üblich, ebenso **Hotels** oder **Mietwagen** mit behindertengerechten Einrichtungen. Allgemeine Infos erhält man bei:

- **SATH, Society for Accessible Travel & Hospitality,** Tel. 212 4477284, https://sath.org

Konkrete Informationen u.a. zur Barrierefreiheit von **Attraktionen, Museen** und **Nahverkehr:**

- https://latourist.com/index.php?page=access-guide
- www.discoverlosangeles.com/travel/the-guide-to-disability-access-in-los-angeles
- https://accessnow.com/blog/accessible-travel-tips-to-enjoy-los-angeles
- www.metro.net/riding/riders-disabilities

Diplomatische Vertretungen

In Deutschland, Österreich und der Schweiz

Die ausländischen Botschaften und Konsulate im Heimatland sind in erster Linie für die Erteilung von Visa zuständig. Ein solches benötigt der „Normalreisende" allerdings nicht. Es gibt amerikanische Botschaften in Berlin, Wien und Bern sowie Generalkonsulate in Düsseldorf, Frankfurt, Hamburg, Leipzig, München, Zürich und Genf. Infos unter:

- https://de.usembassy.gov/de
- https://at.usembassy.gov/de
- https://ch.usembassy.gov

In Los Angeles

- **194** [e7] **German Consulate General,** 6222 Wilshire Blvd., Suite 500, Los Angeles, CA 90048, Tel. 323 9302703, www.germany.info/us-en/embassy-consulates/losangeles
- **195** [bg] **Consulate General of Austria,** 11859 Wilshire Blvd., Suite 501, Los Angeles, CA 90025, Tel. 310 4449310, www.bmeia.gv.at/gk-los-angeles
- Schweizer wenden sich bitte an die Vertretung in San Francisco: **Consulate General of Switzerland,** Pier 17, Suite 600, San Francisco, CA 94111, Tel. 415 7882272, www.eda.admin.ch/sf.

Ein- und Ausreisebestimmungen

Dokumente und Formulare

Dank des **Visa Waiver Program** (VWP) ist ein Visum für Staatsbürger von Teilnehmerländern (wie Deutschland, Österreich und der Schweiz) bei einem Aufenthalt von max. 90 Tagen und Vorlage eines Rückflugtickets nicht nötig. Besucher müssen im Besitz eines maschinenlesbaren **Reisepasses** sein, der mindestens noch die gesamte Aufenthaltsdauer gültig ist.

Auch **Kinder** benötigen einen eigenen Pass. Reisen Kinder nur mit einem Elternteil oder Verwandten, kann sowohl bei der Ausreise aus Deutschland als auch bei der Einreise in die USA eine Einverständniserklärung des anderen Elternteils bzw. der Eltern erforderlich sein. Infos erhält man beim Auswärtigen Amt bzw. beim zuständigen Konsulat/der Botschaft.

Alle Bürger, auch Kinder, die ohne Visum einreisen, müssen sich im Rahmen von **ESTA (Electronic Sys-**

tem for Travel Authorization) spätestens 72 Stunden vor Abflug online registrieren:

- https://esta.cbp.dhs.gov/esta (Antrag, die Sprache kann auf Deutsch umgestellt werden)

Bei der Online-Registrierung ist eine **Gebühr** im aktuellen Gegenwert von $ 21 zu bezahlen (per Kreditkarte bzw. im Reisebüro). Wer einmal registriert ist, kann innerhalb von zwei Jahren, ohne erneut zu bezahlen, mehrfach einreisen, sofern der Pass so lange gültig ist.

Im Rahmen von **„Secure Flight"** müssen darüber hinaus 72 Stunden vor Abflug alle **maßgeblichen Passagierdaten** (voller Name gemäß Reisepass, Geburtsdatum, Geschlecht) zur Weiterleitung an die TSA (Transportation Security Administration) vorliegen. Normalerweise werden diese Angaben bereits bei Flugbuchung angefordert. Die anzugebende erste Adresse in den USA (inklusive Postleitzahl!) kann beim Check-in nachgereicht werden.

Wer länger als 90 Tage lang im Land bleiben möchte – z. B. zum Studieren oder Arbeiten – oder Staatsbürger eines Landes ist, das nicht am VWP teilnimmt, muss sich ein **Visum** beschaffen.

Ebenfalls nicht mehr visumsfrei einreisen dürfen Staatsangehörige von VWP-Ländern, die seit dem 1.3.2011 in den Irak, den Sudan, nach Iran oder Syrien gereist sind oder die entsprechende doppelte Staatsangehörigkeit besitzen. Infos dazu gibt es unter:

- https://de.usembassy.gov/de/visa bzw. https://travel.state.gov („U.S. Visas")
- Aktuelle Sicherheitshinweise finden sich auch unter www.auswaertiges-amt.de („Sicher Reisen").

Einreise

Am Einreiseschalter *(Immigration Counter)* des ersten Flughafens in den USA wird der Pass gescannt und es werden **Fragen** zu Reiseroute, Zweck der Reise, Beruf, Bekannten oder Freunden in USA, evtl. auch zum Reisebudget gestellt.

Es werden **elektronische Fingerabdrücke** genommen und es wird ein **Foto** gemacht, ehe es dann den Stempel mit einer auf normalerweise drei Monate festgelegten Aufenthaltsdauer gibt. Der Vorgang dauert – abgesehen von evtl. Warteschlangen vor den Schaltern – nur wenige Minuten.

An immer mehr Flughäfen, auch in Los Angeles, gibt es **Automated Passport Control (APC).** Besucher mit ESTA-Registrierung, die schon einmal mit ESTA und dem entsprechenden Reisepass eingereist sind, können diese Geräte benutzen und beschleunigen damit die Prozedur.

- www.cbp.gov/travel/us-citizens/apc

Infos zu den aktuellen Einreisebestimmungen finden sich z. B. unter www.auswaertiges-amt.de/de/service/laender/usa-node/usavereinigtestaatensicherheit/201382.

Zoll

Mit APC sind die weißen **Zollerklärungen** *(customs form)*, auf denen anzugeben ist, ob bzw. welche zollpflichtigen Waren mitgeführt werden, weitgehend passé. Wer an ESTA teilgenommen hat und an einem Flughafen mit Automated Passport Control einreist, muss kein Formular mehr ausfüllen.

Eine **Devisenbeschränkung** gibt es nicht, lediglich Summen über

$ 10.000 müssen deklariert werden. Details zu den Einfuhrbestimmungen erhält man in lokalen Zollämtern bzw. unter:

- **Deutschland:** www.zoll.de
- **Österreich:** www.bmf.gv.at/themen/zoll/reise/einreise-aus-nicht-eu-staaten.html
- **Schweiz:** www.ezv.admin.ch („Information Private")

Einreise in die USA

- 1 l Alkohol bzw. 200 Zigaretten oder 100 Zigarren (keine kubanischen)
- Geschenke im Wert bis $ 100
- Verboten sind tierische und pflanzliche Frischprodukte/Lebensmittel sowie Samen und Pflanzen, außerdem Klappmesser u. a. gefährliche Objekte. Bei Medikamenten in größeren Mengen empfiehlt sich ein ärztliches Attest, da die Einfuhr von Rauschmitteln untersagt ist.
- Weitere Details finden sich unter www.cbp.gov/travel/international-visitors

Einreise nach Europa/in die Schweiz

- **Tabakwaren** (über 17-Jährige in EU-Länder und CH): 200 Zigaretten oder 100 Zigarillos oder 50 Zigarren oder 250 g Tabak
- **Alkohol** (über 17-Jährige in EU-Länder): 1 l über 22 Vol.-% oder 2 l bis 22 Vol.-% und zusätzlich 4 l nicht-schäumende Weine und 16 l Bier; in die Schweiz: 2 l (bis 15 Vol.-%) und 1 l (über 15 Vol.-%)
- **Andere Waren** für den persönlichen Gebrauch (über 15-Jährige) bis zu einem Warenwert von 430 €, in die Schweiz bis CHF 300

Wechselkurs
Stand: Juni 2023

1 €	=	1,09 $
1 SFr	=	1,12 $
1 $	=	0,91 € bzw. 0,89 SFr

Elektrizität

In den USA gibt es **Wechselstrom von 110 bis 115 V**, daher müssen mitgebrachte Geräte umstellbar sein. Wegen der anderen Steckdosenform ist außerdem ein **Adapter** nötig, den man am besten schon von zu Hause mitbringt bzw. am Flughafen oder in einem Elektrogeschäft kauft.

Geldfragen

Kredit- und Debitkarten

Das Zauberwort in Amerika heißt **credit card**, wobei Mastercard und Visa die gebräuchlichsten sind. Selbst Kleinstbeträge werden mit Kreditkarte bezahlt und sie ist nötig, um Kaution (z. B. Mietwagen, Hotelzimmer) zu stellen bzw. eine Buchung zu garantieren.

Bei bargeldlosem Zahlen (mit PIN) werden 1 bis 2 % für den Auslandseinsatz berechnet, Bargeld am Automaten **(ATM)**, bei Banken, aber auch in Geschäften zu ziehen, kostet je nach Bank und Karte oft ebenfalls eine Gebühr in unterschiedlicher Höhe, die vor Abschluss der Transaktion angezeigt wird. Immer häufiger wird bei Bezahlung mit Kreditkarte in Läden oder Restaurants die Eingabe einer PIN-Nummer verlangt.

Debitkarten (auch Girocard genannt) sind für den Einsatz im außereuropäischen Ausland manchmal gesperrt, dazu ist der Verfügungsrahmen meist eingeschränkt. Während Maestro-Karten weltweit an Automaten mit dem entsprechenden blau-roten Symbol und unter Eingabe der PIN genutzt werden können, sind die von vielen deutschen Banken ausgegebenen **VPAY-Karten** an Bankautomaten in den USA nutzlos, da die Automaten die Chips nicht lesen können. Man sollte sich daher vorher bei der Bank erkundigen. Es empfiehlt sich zudem, die Hausbank vor einer längeren Reise zu informieren, damit bei vermehrten und höheren Abhebungen die Kreditkarte nicht wegen Betrugsverdachts gesperrt wird.

Beim Abheben von Bargeld wird manchmal die Abrechnung in Euro angeboten (**Dynamic Currency Conversion**). Eine Abbuchung in Dollar ist vorzuziehen, da dann der offizielle Devisenkurs gilt.

Bargeld

Bargeld ist nur in wenigen Fällen unabdingbar, etwa an Automaten (v.a. **Quarter-Münzen**) oder für Trinkgelder. Selbst in Supermärkten und an Zapfsäulen kann mit Kreditkarte bezahlt werden. Es ist in manchen Läden oder Lokalen gar nicht mehr erwünscht oder sogar unmöglich, mit Bargeld zu bezahlen.

- **Münzen:** Penny (1 c), Nickel (5 c), Dime (10 c), Quarter (25 c)
- **Banknoten** gibt es im Wert von $ 1 („buck"), 5, 10, 20, 50, 100, 500 und 1000 („Grand").

Preise und Kosten

L.A. ist ein recht **teures Pflaster**, gleichermaßen was Hotelpreise angeht wie auch bei den Kosten für Restaurantbesuche, Parkgebühren oder Einkaufstouren. Auf Wochenmärkten, in Läden und Imbisslokalen bieten sich jedoch Alternativen zu teuren Lokalen.

Die **Eintrittspreise** sind der Qualität und Größe der Museen angemessen und es gibt für Studenten und Senioren Ermäßigungen und gelegentlich verbilligten oder freien Eintritt (s. S. 60). Die Ticketpreise für den **öffentlichen Nahverkehr** sind – angesichts der Streckenlängen – sehr moderat.

L.A. preiswert

Der **Southern California CityPASS** (https://de.citypass.com/southern-california) bietet reduzierte Eintritte für Disneyland und Universal Studios sowie drei andere Attraktionen in Südkalifornien. Bei der **Go Los Angeles Card** (https://gocity.com/los-angeles/en-us/products/all-inclusive, für eine selbst bestimmbare Anzahl von Tagen) können Museen, Attraktionen und Touren von einer langen Liste beliebig gewählt werden. Die Karte lohnt nur bei einem Aufenthalt von mind. 3 Tagen.

Viele **Museen** bieten an bestimmten Tagen **freien** oder einen **reduzierten Eintritt** (s. S. 60). **Gratiskonzerte** finden meist von Mai bis Sept. an verschiedenen Orten und Museen statt.

Preiswert essen lässt sich z. B. in Chinatown 3 oder Little Tokyo 4, im L.A. Farmers Market (s. S. 36) oder im Grand Central Market 11.

Internetbroker bieten Tickets für Konzerte, Theater u. a. Events zum halben Preis (s. S. 109). Touren durch die **Walt Disney Concert Hall** 8 sind gratis, ebenso der Besuch von **Getty Villa** 34, **Getty Center** 33 (nur Parkgebühr) und **ScienCenter** 15. **Weitere kostenlose Aktivitäten** und Angebote findet man auf www.discoverlosangeles.com/visit/100-free-things-to-do-in-los-angeles.

Unsere Literaturtipps

- Kevin Starr, **California,** 2005. Das 500-Seiten-Kompendium des Historikers liefert einen fesselnden Einblick in den „Golden State" und L.A.
- David L. Ulin (Hrsg.), **Writing Los Angeles: A Literary Anthology,** 2002. Lesenswerte Sammlung interessanter Geschichten von vormals in L.A. lebenden Schriftstellern wie R. Chandler, W. Faulkner, J. Didion, J. Kerouac, W. Mosley, E. Waugh sowie Umberto Eco und Bert Brecht.
- Mike Davis, **City of Quartz,** 1990/2006 (auf Deutsch 2006 im Verlag Assoziation A, Berlin). Die eindrucksvolle und spannende Sozialgeschichte L.A.s von den Anfängen bis heute – L.A. als Symbol der zukünftigen Gesellschaft. Lesenswert ist auch sein Buch **Ecology of Fear: Los Angeles and the Imagination of Disaster** (2000, auf Deutsch „Ökologie der Angst", Kunstmann Verlag).
- Norman Klein, **The History of Forgetting: Los Angeles and the Erasure of Memory,** 1997/2008. Fesselndes Porträt einer Stadt, die sich immer wieder aus dem eigenen Mythos neu erfindet.
- Kevin Vennemann, **Sunset Boulevard. Von Filmen, Bauen und Sterben in Los Angeles,** 2012. Es geht um Architekten wie Julius Shulman, Symbole und Sozialethik; eine Mischung aus Sachbuch und Roman.

Kriminalromane

- Raymond Chandler schuf mit Philip Marlowe einen der klassischen Privatdetektive – u.a. **The Big Sleep** (1939), **Farewell My Lovely** (1940) oder **The Long Goodbye** (1953). Auf Deutsch bei Diogenes.
- **Angels Flight** (1999, engl.) von Mike Conolly ist ein spannender Krimi, der in einer Schmalspur-Standseilbahn auf dem Bunker Hill spielt.
- James Ellroy schreibt die „blutigsten Krimis" (Zeit Magazin), u.a. **Black Dahlia** (1987), **LA Confidential** (1990), **White Jazz** (1992) oder **Perfidia** (2014).
- Das Schriftstellerehepaar Faye und Jonathan Kellerman schreibt getrennte Serien. Fayes Hauptfigur ist Peter Decker vom LAPD (z.B. **Erbsünde,** 2019), Jonathan lässt den Kinderpsychologen Alex Delaware und den schwulen Kommisar Milo Sturgis vom LADP (z.B. **Todesmahl,** 2016) agieren.
- Walter Mosley stellt in seinen Krimis „Easy" Rawlins, einen afroamerikanischen Privatdetektiv, in den Mittelpunkt (auf Deutsch bei Fischer, z.B. **Blonde Faith,** 2010).

Sachbücher und Romane

- F. Scott Fitzgerald, **The Pat Hobby Stories,** 1962 (posthum). Der Autor verbrachte seine letzten Lebensjahre als Drehbuchautor in Hollywood und schildert seine Erlebnisse in diesem Kurzgeschichtenband.
- Charles Bukowski, der legendäre Dichter der 1968er-Generation, verbrachte die meiste Zeit seines Lebens in L.A., viele seiner Werke gibt es auf Deutsch im Maro Verlag Augsburg (www.maroverlag.de/1_bukowski), bei DTV, Kiepenheuer & Witsch und Fischer (z.B. **Kaputt in Hollywood,** 1990; **Pulp,** 1994; **Hollywood,** 1992 und **Letzte Meldungen,** 2007).
- „Kulinarische Filme" werden in dem schön aufgemachten Buch von Thomas Struck und Karin Laudenbach mit Menüs von Starköchen kombi-

niert: **Filmrezepte** (Callwey Verlag, München, 2014).

- D. J. Waldie ist ein kalifornischer Essayist, der sich mit dem modernen L.A. befasst, u.a. gibt es von ihm **California Romantica: Spanish Colonial and Mission-Style Houses** (2007) oder **Where We Are Now: Notes from Los Angeles** (2004).
- A. Holmes nimmt in **Los Angeles: People, Places, and the Castle on the Hill** (2002) das Chateau Marmont Hotel als Aufhänger, um die Menschen und die besondere Atmosphäre von L.A. zu beschreiben.
- Brooke Hodge, Mike Kelley, **New Architecture Los Angeles** (2019). Ein guter Überblick über die Baugeschichte der Stadt und die bekanntesten Architekten.
- Nathan Marsak, **Bunker Hill Los Angeles: Essence of Sunshine and Noir** (2020). Es geht um den höchsten Punkt in Downtown, den „first suburb", der erst zerstört und dann modern wieder aufgebaut wurde.
- Johnston McCulley, **Zorro,** 1919 (auf Deutsch 2006 bei Anaconda). Der weltberühmte „Rächer der Armen" wirkte im spanischen L.A.
- T.C. Boyle stammt zwar aus dem Staat New York, lebt jedoch nahe L.A. und viele seiner Werke spielen in Kalifornien: u.a. **América** (1995) über mexikanische Einwanderer und **Drop City** (2003) über Hippies in Kalifornien und Trapper in Alaska. Lesenswert sind auch **Die Terranauten** (2017) und **Das Licht** (2019).
- Kevin Star, David L. Ulin, **Los Angeles. Portrait of a City** (2023). Die fotografische Hommage an die „Stadt der Engel" illustriert die Stadtgeschichte inklusive besonderer Ereignisse, berühmter Persönlichkeiten, Moden etc.

Informationsquellen

Informationsstellen zu Hause

L.A. ist durch eine deutsche Agentur vertreten, die auch für Österreich und die Schweiz zuständig ist:

- **Lieb Management,** Bavariaring 38, 80336 München, Tel. 089 68906380, www.lieb-management.de
- Über ganz Kalifornien informiert www.visitcalifornia.com/de.

Informationsstellen in L.A.

Touristeninformation

Gegenwärtig gibt es in L.A. keine Besucherzentren, Infos liefert die Website www.discoverlosangeles.com/travel.

- **Los Angeles Tourism & Convention Board (LACTB),** Tel. 001 213 6247300. Hauptstelle des Tourismusamtes, kein Besuchsverkehr.

ⓘ**196** [a6] **Beverly Hills Visitor Center,** 9400 Santa Monica Blvd./Canon Dr., Tel. Tel. 001 310 2481015, https://lovebeverlyhills.com, tägl. 10–17 Uhr. Hightech-Besucherzentrum.

Infos zu anderen Stadtteilen:

- www.visitwesthollywood.com, www.santamonica.com, https://thevalley.net/visitors, www.visitpasadena.com, www.visitanaheim.org

Veranstaltungs- und Kartenservice

Tickets für Theater, Veranstaltungen etc. bucht man am besten **frühzeitig** über Reiseveranstalter oder im Internet. In L.A. erhält man Tickets bei:

- **On Stage 411,** www.onstage411.com, vergünstigte Tickets zu Theateraufführungen
- **todaytix,** www.todaytix.com/los-angeles/category/all-shows, vergünstigte Theaterkarten in L.A. und Orange County

- **Theater in LA,** www.theatreinla.com/tictix.php, Theater zun halben Preis
- **Ticketmaster,** www.ticketmaster.com
- **Live Nation,** www.LiveNation.com, vor allem Tickets für Topkonzerte und Club-Events
- **First Class Tickets,** www.firstclasstixx.com, vor allem auch Tickets für Sportveranstaltungen
- **Hinweise zu Veranstaltungen** liefern die Websites https://culturela.org und – www.discoverlosangeles.com/events

Die Stadt im Internet

- **www.discoverlosangeles.com** – offizielle Webpage von LA Tourism & Convention Board, modern aufgemacht mit verschiedenen Rubriken für Besucher und Backgroundinformationen
- **www.timeout.com/los-angeles/arts-culture** – Artikel und nach Stadtvierteln sortierte Tipps zu Shopping, Attraktionen, Nightlife etc.
- **www.lacity.org** – offizielle Seite der Stadtverwaltung (City of Los Angeles) mit Rubrik „Visitors" für Besucher (dort v. a. Links)
- **www.discoverhollywood.com** – vierteljährlich erscheinendes Gratismagazin mit Internetauftritt, v. a. zu Veranstaltungen aller Art, aber auch zu Lokalen, Shops und Attraktionen
- **www.latimes.com** – Website der L.A. Times, unter anderem mit Infos zu beliebten Lokalen, Bars, Clubs, Veranstaltungen, aber auch zu *neighborhoods* und Attraktionen
- **www.laweekly.com** – Website des informativen Wochenmagazins LA Weekly
- **https://losangelesexplorersguild.com** – Los Angeles Explorer Guide, spannende Vorschläge, um die Stadt auf neue Weise zu erkunden
- **https://socalpulse.com/la** – Infos zu aktuellen Events, zur kulinarischen und Kulturszene, zu Shopping und Nightlife
- **Cultural Guide L.A.** – hilfreiche Website zur Kulturszene der Stadt, herausgegeben vom Department of Cultural Affairs (https://culturela.org).

Publikationen und Medien

Die maßgebliche **Tageszeitung** ist die **Los Angeles Times** (www.latimes.com), die auch über Veranstaltungen und Aktuelles in der Stadt informiert.

- **Los Angeles** (www.lamag.com) ist ein mo-natlich erscheinendes Stadtmagazin für $ 5,95 mit Stories, Blogs und vielen Tipps.
- Der **Los Angeles The Official Visitor's Guide** des Los Angeles Tourism & Convention Board erscheint einmal jährlich als handliches Taschenbuch und enthält ausgewählte Tipps zu einzelnen Vierteln, zu außergewöhnlichen Orten und Besonderheiten. Er liegt v. a. in Hotels gratis aus.

Infos für LGBT+

Die LGBT-Szene konzentriert sich in Los Angeles vor allem auf West Hollywood und den Santa Monica Blvd. Kleinere „Enklaven" finden sich in Venice Beach, Santa Monica, Hollywood, Silver Lake und Los Feliz.

LGBT-Szene im Internet

- **www.discoverlosangeles.com/de/entdecken-sie-das-lgbtq-nachtleben-in-los-angeles** – gibt Tipps zu Gay Events, Nightlife und beliebten Stadtvierteln.
- **http://losangeles.gaycities.com** – Tipps zu Events, Bars, Clubs, Restaurants, Hotels u. a. Treffs
- **https://losangeles.edgemedianetwork.com** – News, Artikel und Tipps für Homosexuelle

› **www.visitwesthollywood.com/lgbtq** – Tipps für „Boys Town", West Hollywood

197 [c4] **The Abbey,** 692 N Robertson Blvd., WeHo, www.theabbeyweho.com. Gay Bar und Restaurant mit mehreren Lounges und einem Außenbereich. The Abbey ist einer der angesagten Clubs der Stadt.

Treffs und Clubs

198 [i2] **Los Angeles LGBT Center,** McDonald/Wright Building, 1625 N Schrader Blvd., https://lalgbtcenter.org. Treff und Veranstaltungen.

199 [dg] **Silverlake Lounge,** 2906 W Sunset Blvd., www.thesilverlakelounge.com. Transvestiten-Bar, Rockclub und Indieszene. Jede/r ist willkommen!

★**200 Will Rogers State Beach,** 17700 Pacific Coast Highway, Pacific Palisades. Als „Ginger Rogers Beach" in der Gay-Szene beliebt.

Veranstaltungen

› **LA Pride.** Neuntägiges Fest in West Hollywood Anfang Juni, San Vicente Blvd. (Santa Monica Blvd.–Melrose Ave.), mit Parade am So. (https://lapride.org).

› **West Hollywood Halloween Carnaval** (www.visitwesthollywood.com/halloween-carnaval). Am 31. Oktober Musik auf mehreren Bühnen und Parade (s. S. 86).

› **Outfest Fusion QTBIPOC Film Festival,** März/Apr., außerdem gibt es das Out Museum, ein „LGBTQ+ arts and media virtual museum" (www.outfest.org/outmuseum).

LGBT-Hotels

› Bei der Hotelsuche hilft die Website www.travelgay.com/gay-los-angeles-hotels weiter.

› **ÉLAN Hotel** (s. S. 123). Relativ preiswertes und schickes Boutiquehotel im gay-friendly West Hollywood.

202 [Seite 45] **Hotel Casa del Mar** $$$$, 1910 Ocean Way, Santa Monica, Tel. 310 5815533, www.hotelcasadelmar.com. Sehr edles Hotel direkt am Strand.

Internet

Einen kostenlosen Internetzugang zu finden, stellt dank **zahlreicher WLAN-Hotspots** kein Problem dar. Zum Beispiel verfügen viele zentral gelegene **Parks, Plätze, Museen** etc. über Hotspots, z. B. Pershing Square [B5], Griffith Observatory 38, Hollywood Bowl, Grand Central Market 11, MOCA 10, LACMA 24, Getty Center 33 sowie Venice Beach 36, Santa Monica Pier 35 etc.

In **Hotels** ist der Internetzugang oft, aber nicht immer kostenlos verfügbar.

› www.discoverlosangeles.com/things-to-do/free-wi-fi-access-in-los-angeles

Maße und Gewichte

Längen

1 inch (in)	2,54 cm
1 foot (ft)	30,48 cm
1 yard (yd) (= 3 feet)	0,91 m
1 mile (mi) (= 1760 yards)	1,61 km

Flächen

1 square inch	6,45 cm²
1 square feet	929 cm²
1 square yard	0,84 m²
1 acre	4046,80 m² (0,405 ha)
1 square mile (= 640 acres)	2,59 km²

Hohlmaße

1 pint (= 16 oz)	0,47 l
1 quart (= 2 pints)	0,95 l
1 gallon (= 4 quarts)	3,79 l

Gewichte

1 ounce (oz)	28,35 g
1 pound (= 16 ounces)	453,59 g

Temperaturen

Umrechnungsschlüssel

(Grad Fahrenheit - 32) x 0,56 = Grad Celsius

Beispiele

32 Grad F	0 Grad C
50 Grad F	10 Grad C
60 Grad F	15,5 Grad C
70 Grad F	21 Grad C
90 Grad F	32,2 Grad C
100 Grad F	37,8 Grad C

042la Abb.: mb

Richtige Apotheken wie diese sind eher selten, dafür gibt es „drugstores"

Medizinische Versorgung

Besonderen Risiken sind USA-Reisende nicht ausgesetzt und spezielle Impfungen nicht nötig. Das **Leitungswasser** ist gechlort, aber trinkbar, öffentliche **Toiletten** sind im Allgemeinen gratis und sehr sauber. Erkältungen wegen der üblichen **Vollklimatisierung** von Räumen, Bahnen etc. kann man durch entsprechende Kleidung vorbeugen. L.A. ist allerdings noch immer berüchtigt für seine **schlechte Luftqualität**, die bei Atemproblemen Schwierigkeiten bereiten kann.

Den hohen Arzt-, Medikamenten- und Krankenhauskosten in Amerika steht ein **hoch entwickeltes medizinisches System** gegenüber. Schnelle und gründliche Behandlung ist gesichert, vorausgesetzt, man kann die **Zahlungsfähigkeit** (zum Beispiel durch Kreditkarte) nachweisen. Bei Praxisbesuchen ist im Allgemeinen sofort zu bezahlen. Gesetzliche Krankenkassen übernehmen die Kosten nicht, weswegen der Abschluss einer **Reisekrankenversicherung** (s. S. 128) und das Sammeln ausführlicher Quittungen und Rechnungen ratsam ist.

Krankenhäuser und Praxen

Hausbesuche sind in den USA unüblich. Im Notfall fährt man zu einer Arztpraxis (Adressen erfährt man im Hotel), ruft eine Ambulanz (Tel. 911) oder fährt zu einer Krankenhausnotaufnahme *(emergency room)*. Es gibt außerdem zahlreiche „Family Medical

Centers“, die man in Notfällen an der Hotelrezeption erfragen kann.

⊕203 [dh] **Dignity Health California Hospital Medical Center,** 1401 S Grand Ave., Tel. 213 7482411

⊕204 [bg] **Ronald Reagan UCLA Medical Center,** 757 Westwood Plaza, allg. Infos: Tel. 310 8259111, Notfälle: Tel. 310 8252111, Kinderkrankenhaus: Tel. 310 8252111

⊕205 [eg] **Adventist Health White Memorial Medical Center,** 1720 E Cesar E Chavez Ave., Tel. 323 9942619

⊕206 [Seite 45] **Dr. Bruce Edward King,** 3791 S Centinela Ave, Tel. 310 3910699, https://emergencydentist.la. Rund um die Uhr für zahnärztliche Notfälle erreichbar (nach 17 Uhr Notruf: Tel. 424 6452706).

Apotheken

Apotheken *(pharmacies)* sind rar, aber ein Grundsortiment an Arzneimitteln findet sich frei käuflich in Supermärkten und *drugstores*. In Letzteren kann man an speziellen Schaltern auch ärztliche Verordnungen *(prescriptions)* für rezeptpflichtige Medikamente einlösen. In L.A. ist v.a. **Rite Aid Pharmacy** verbreitet, daneben gibt es zahlreiche Filialen von Walgreens und CVS Pharmacy, z.B.:

⊕207 [A2] **CVS,** 1050 W Sunset Blvd., 24 Std. geöffnet

⊕208 [B6] **Ralph's Pharmacy,** 645 W 9th St, tgl. 9–13, 13.30–21, Sa/So. 10–13, 13.30–18 Uhr, günstig in Downtown gelegen

⊕209 [B5] **Uptown Drugs & Gift Shop,** 444 S Flower St., im Citigroup Center, Mo.–Fr. 8.30–16.30 Uhr

128la Abb.: mb

Beliebt bei Kindern: Hollywoods Ripley's Believe It or Not! (s. S. 62)

Mit Kindern unterwegs

Kinder sind in den USA gern gesehen und kommen in den Genuss **vielerlei Vergünstigungen**, z.B. in öffentlichen Verkehrsmitteln oder Hotels, wo Kids meist kostenlos im Zimmer der Eltern übernachten. Restaurants bieten vielfach Kindermenüs und -sitze, in Museen gibt es je nach Alter freien oder ermäßigten Eintritt.

Bei den **La Brea Tar Pits** (26) mit **Page Museum** gibt es spannende Überreste von Urzeitwesen zu sehen, im **Griffith Observatory** (38) kann man in die Sterne schauen und im **Los Angeles Zoo** (s.S. 114) Tiere streicheln. Interessant für die ganze Familie sind auch das **Natural History Museum** (14), das **California ScienCenter** (15) mit riesigem IMAX-Theater und das **Petersen Automotive Museum** (28). Besonders umfangreiche Kinderprogramme werden in den Family Rooms des The Autry (39), des **Getty Center** (33) und der **Getty Villa** (34) angeboten.

Aktiv werden können Familien am **Santa Monica Pier** (s. S. 44) mit Buden und dem Pacific Park, einem Vergnügungspark mit vielerlei Fahrgeschäften (https://pacpark.com). Hollywoods **Walk of Fame** 16 mit **Grauman's Chinese Theatre** 18, **Hollywood Museum** 19 und **Madame Tussauds Hollywood** (s. S. 61) sind ebenso wie **Disneyland** 42, die **Universal Studios Hollywood** 23 oder **Knott's Berry Farm** 43 etwas für Jung und Alt.

Noch ein paar spezielle Tipps:

★**210** [df] **L.A. Zoo,** 5333 Zoo Dr./Griffith Park, www.lazoo.org, tgl. 10–17 Uhr, $ 22, Kinder ab 2 Jahre $ 17. Aufgrund seiner Dimensionen und der Artenvielfalt gehört dieser Zoo zu den besten in den USA. Anfahrt: Großer (kostenloser) Parkplatz direkt am Zoo. Öffentlicher Nahverkehr: Bus 96 (ab Downtown, z. B. „Civic Center") bis „L.A. Zoo". Das gegenüberliegende Museum The Autry 39 könnte ebenfalls einen Abstecher lohnen und der Griffith Park 38 bietet auch Spielplätze etc. (www.laparks.org/griffithpark).

› **Weitere Tipps** für Familien gibt es unter https://la.curbed.com/maps/things-to-do-kids-los-angeles und www.discoverlosangeles.com/visit/kids-family.

Notfälle

Die **zentrale, gebührenfreie Notrufnummer** (Polizei, Krankenwagen und Feuerwehr, kostenlos) lautet **911.** Wenn es sich um **keinen direkten Notfall** handelt, erfährt man unter der Telefonnummer **311** *(non-emergency city services),* wo sich das nächste Polizeirevier befindet. Ansonsten ist die Polizei (LAPD) unter Tel. 1 877 2755273 erreichbar.

Bei Diebstahl (z. B. Reisepass, Kreditkarte) oder sonstigen Verbrechen ist in einer Polizeistation **Anzeige** zu erstatten. Für die Ausstellung eines Ersatzreiseausweises ist die diplomatische Auslandsvertretung (s. S. 104) zuständig. Auch in anderen Notfällen, beispielsweise medizinischer oder rechtlicher Art, bemüht man sich dort, vermittelnd zu helfen.

Polizeidienststellen gibt es in fast jedem Stadtteil, zum Beispiel kann man sich an die folgende wenden:

211 [C4] **LAPD Headquarters,** 100 W 1st St., nahe City Hall

Kartensperrung

Bei **Verlust der Debit-/Giro-, Kredit-** oder **SIM-Karte** gibt es für Kartensperrungen eine **deutsche Zentralnummer** (unbedingt vor der Reise klären, ob die eigene Bank bzw. der jeweilige Mobilfunkanbieter diesem Notrufsystem angeschlossen ist). **Aber Achtung:** Mit der telefonischen Sperrung sind die Bezahlkarten zwar für die Bezahlung/Geldabhebung mit der PIN gesperrt, nicht jedoch für das (selten gewordene) **Lastschriftverfahren mit Unterschrift.** Man sollte daher auf jeden Fall den Verlust zusätzlich **bei der Polizei zur Anzeige bringen,** um gegebenenfalls auftretende Ansprüche zurückweisen zu können.

Österreicher und **Schweizer** sollten sich vor Abreise bei ihrer Bank oder ihrem Kreditinstitut über den zuständigen Sperrnotruf informieren.

Generell sollte man sich immer die **wichtigsten Daten** wie Kartennummer und Ausstellungsdatum **separat notieren,** da diese unter Umständen abgefragt werden.

› **Deutscher Sperrnotruf (von den USA aus):** Tel. 011 49 116116 oder Tel. 011 49 3040504050

› **Weitere Infos:** www.kartensicherheit.de, www.sperr-notruf.de

Wer dringend Geld benötigt, kann sich dieses von zu Hause über **Western Union/Reisebank** (www.reisebank.de, www.westernunion.com, z. B. an Bahnhöfen/Flughäfen) schicken lassen.

Fundbüros

Nur die öffentlichen Verkehrsbetriebe und LAX (s. S. 100) unterhalten Sammelstellen.

•**212** [eg] **Metro Lost & Found,** 3571 Pasadena Ave. (Heritage Square Station), Tel. 232 9378920, Mo.–Sa. 9–17 Uhr oder www.metro.net/about/lostandfound

Öffnungszeiten

In den USA gibt es kein verbindliches Ladenschlussgesetz, was allerdings aber nicht bedeutet, dass jeder Laden rund um die Uhr geöffnet hat. Im Folgenden werden die Kernöffnungszeiten aufgeführt:

- **Geschäfte:** je nach Art und Größe von 9/10 bis mind. 18 Uhr, an Sonntagen nicht alle geöffnet
- **Kaufhäuser/Malls:** 10–19/20, So. meist 11–18/19 Uhr
- **Restaurants:** ca. 12–14 (Lunch) und 18–21/22 Uhr (Dinner)
- **Bürozeiten:** Mo.–Fr. 9–17 Uhr
- **Banken:** werktags 10–14/15 Uhr
- **Postämter:** Mo.–Fr. 8/9–17, Sa. bis 13/14 Uhr
- **Museen und Sehenswürdigkeiten** besucht man am besten Di. bis So. 10 bis 17 Uhr.

Post

Briefkästen sind blau-rot und mit der Aufschrift „US-MAIL" und einem Adler gekennzeichnet. Express Mail und Priority Mail sind schnellere, aber teurere Versandmöglichkeiten. Größere Sendungen schickt man per **parcel service** (z. B. UPS, FedEx, DHL).

Die **Portogebühren** (Stand: 2023) nach Deutschland, Österreich und in die Schweiz betragen für Karten und Standardbriefe bis 1 oz (28 g) $ 1,45 (jedes weitere oz: 1,25 c). Die Post braucht ca. 5 bis 7 Tage.

Für **Inlandspost** (Standard oder „First Class") gilt: Briefe bis 1 oz (28 g) kosten 63 c, jedes weitere oz 24 c, Karten 48 c.

✉**213** [D2] **US Post Office,** im Core Site LA Data Center, 900 N Alameda St.

Sicherheit

Inzwischen ist in L.A. die Gewaltkriminalität enorm zurückgegangen. Bandenkriminalität spielt hingegen immer noch eine große Rolle. Allerdings liegen die Schwerpunkte in Vierteln – besonders in South und East L.A. –, in denen Besucher nichts verloren haben. Die meisten Touristenattraktionen in L.A., in Hollywood, Beverly Hills, Westwood oder Downtown gelten als sicher.

Wie überall ist bei Massenveranstaltungen und Menschenaufläufen, z. B. in öffentlichen Verkehrsmitteln oder während Veranstaltungen, vor allem wegen **Taschendiebstahl** Vorsicht geboten, doch wer die **üblichen Vorsichtsmaßnahmen** beherzigt, dem sollte nichts passieren. Bargeld sollte man nur in kleineren Mengen mitführen und es ist sinnvoll, für den Notfall von den Originaldokumenten Kopien im Koffer zu haben. An **Stränden** sollte man seine Habseligkeiten im Auge behalten, ebenso in öffentlichen Verkehrsmitteln.

Vor allem in Hollywood und in Downtown sind häufig **Obdachlose** zu sehen, sie sind jedoch im Allgemeinen harmlos. Vorsicht vor sogenannten **Hollywood-Talentsuchern**, die vorgeblich nach Talenten für Fotoshootings Ausschau halten. Schlimmstenfalls endet man in einem Pornostudio.

Sport und Erholung

Nach L.A. fährt man nicht zum Radfahren oder Wandern und die Stadt ist auch nicht bekannt für romantische kleine Stadtparks oder *community gardens* wie z.B. New York oder San Francisco. L.A. bedeutet **Fitness- und Schönheitswahn** und **Wellnesseinrichtungen**, gesunde Lebensführung, Selbstfindung und Diäten. Kostenlose Yogakurse in Parks oder Museen, asiatische Entspannungstechniken, die kuriosesten Behandlungen und Therapien in zahlreichen Spas (v.a. in Hotels) – dafür ist die Glitzer-Glimmer-Stadt bekannt.

Eine große Erholungsoase ist der **Griffith Park** 38 mit Trails, Sport- und Spielplätzen sowie Reitställen. **Schöne Gartenanlagen** umgeben die Getty Villa 34 und das Getty Center 33 und der wohl vielseitigste **Botanische Garten** befindet sich um die Huntington Library 41. Ein **grünes Stadtidyll** ist der kleine Park an der Walt Disney Concert Hall 8. Gleiches gilt für den Exposition Park/Rosengarten (s.S.23) und den Hancock Park (s.S.36). Topanga State Park und Topanga Beach bieten über 50 km an Trails und einen grandiosen Ausblick auf den Pazifik.

Surfing

Surfen ist **der** Nationalsport Kaliforniens. Für Anfänger lohnen Zuma oder Will Rogers State Beach, beliebt sind auch Malibus Surfrider Beach, Bay Street Beach in Santa Monica oder Venice Pier Beach. Wer Surfen lernen möchte, findet hier Anleitung:

› **Surf Academy**, Tel. 424 9039500, www.surfacademycollective.com, Santa Monica

Surferin am Manhattan Beach (s. S. 84)

130la Abb.: LATourism

› **Santa Monica Surf School,** https://santamonicasurfschool.com, Tel. 310 5263346

Fitness

› **Gold's Gym,** 360 Hampton Dr./Rose Ave., Venice, www.goldsgym.com/veniceca, $ 40/Tag. „Mecca of Bodybuilding", hier trainierte schon Arnold Schwarzenegger, ebenso wie im Outdoor Gym am „Muscle Beach" (Venice Beach Boardwalk).

› **Oak Park,** 3201 Santa Monica Blvd., www.oakparkla.com. „The Spartan Workout" mit kurzen CrossFit-Workouts hoher Intensität, verschiedene Stufen und Klassen.

Radfahren

Durch das ganzjährig warme Wetter und die wenigen Steigungen wäre Los Angeles eigentlich perfekt zum Radfahren – wären da nicht der Verkehr und eine Fahrweise, an die man sich erst gewöhnen muss. Es gibt in manchen Neighborhoods deutlich markierte Radwege und allmählich greifen auch Berufspendler zum Fahrrad – abhängig von Viertel bzw. Verkehr. Schön ist das Radfahren zum Beispiel im **Griffith Park** 38. Auch in **Santa Monica** 35 oder **Venice Beach** 36 könnte man sich gut ein Fahrrad ausleihen.

Ein **Bike Share System** bietet das Nahverkehrsunternehmen Metro (https://bikeshare.metro.net). Eine Einzelfahrt kostet pro 30 Min. $ 1,75. Ausleihstationen befinden sich in und um Downtown und an einigen Beaches. **Bikes & Hikes LA** (s. S. 120) bietet geführte Touren an.

S214 [df] **Spokes N Stuff Bike Rentals,** 4730 Crystal Springs Rd. (Ranger Station Parking Lot), Memorial bis Labor Day Mo.–Fr. 14–18, ganzjährig: Sa., So. 10.30 Uhr bis Sonnenuntergang

Football's back in town

Über 20 Jahre musste man in L.A. ohne Profiteam im American Football auskommen, nun gibt es gleich zwei: Die **Rams** (www.therams.com), 1936 in Cleveland gegründet, waren schon 1946 bis 1994 in L.A. beheimatet, zogen dann aber nach St. Louis um. Zur Freude der Fans kehrten sie 2016 zurück und gewannen 2021 auch gleich im neuen SoFi Stadium den Super Bowl LVI. Nach 1999 in St. Louis war dies der zweite Super-Bowl-Gewinn der Vereinsgeschichte.

Auch die **Chargers** (www.chargers.com) sind zurück. 1960 in L.A. gegründet, waren sie 1961 bis 2016 in San Diego zu Hause. Beide Teams teilen sich nun das SoFi Stadium (www.sofistadium.com) in Inglewood, einer Stadt südlich von Downtown, als Heimspielstätte.

Sonstiges

› **Sunset Ranch** 3400 N Beachwood Dr., Hollywood, www.sunsetranchhollywood.com. Im Griffith Park gelegene Ställe, die Ausritte anbieten.

› **Venice Beach Skate Park.** Ein Skatepark (www.veniceskatepark.com), der vor allem von „Profis" genutzt wird, allein schon das Zuschauen ist faszinierend.

Zuschauersport

L.A. ist eine Hochburg des Profisports. Mit **Basketball** (NBA), **Baseball** (MLB), **Eishockey** (NHL), **American Football** (NFL) und **Soccer** (MLS) sind alle fünf Profi-Nationalsportarten in L.A. vertreten. Dazu bieten die beiden großen Unis, UCLA und USC, sehenswerten **College Football** und **College Basketball.**

Außer dem Frauen-Profifußballteam **Angels City FC** (www.angelcity.com) gibt es zwei **Fußballclubs** in der höchsten Männerliga (MLS/Major League Soccer): L.A. Galaxy und der Los Angeles FC. Galaxy spielt im Dignity Health Sports Park in Carson (www.dignityhealthsportspark.com). Das BMO Stadium des LAFC und des Angel City FC befindet sich im Exposition Park (https://bmostadium.com). In Anaheim gibt es ebenfalls eine Baseball- und eine Eishockeymannschaft.

S215 [A7] **Crypto.com Arena,** 1111 S Figueroa St., www.cryptoarena.com (auch Ticketinfo), Anfahrt: Metro Rail – A und E Line bis „Pico". Gegenüber von L.A. LIVE und neben dem Convention Center steht die 1999 erbaute Sport- und Konzerthalle, u. a. Heimat der legendären Lakers (Basketball, www.nba.com/lakers) und der Kings (Eishockey, www.nhl.com/kings).

S216 [dg] **Dodger Stadium,** Elysian Park Ave., www.mlb.com/dodgers (auch Tour-Infos), Anfahrt: bei Heimspielen eigener Metro-Shuttleservice „Dodger Stadium Express" (ab Bahnsteig 3, Patsaouras Plaza at Union Station, Eintrittskarte gilt als Ticket). Im Elysian Park oberhalb der Innenstadt befindet sich das nach dem Baseballclub benannte Dodger Stadium. 1962 eröffnet, finden hier bei Dodgers-Spielen – neben den New York Yankees und den Boston Red Sox eine *der* legendären Baseballmannschaften – jeweils 56.000 Zuschauer Platz.

S217 [dh] **Los Angeles Memorial Coliseum,** 3911 S. Figueroa St. (Expo Park), www.lacoliseum.com. Die legendäre Sportstätte von 1923 hat schon zwei Olympische Sommerspiele (1932 und 1984) erlebt und wird auch bei den Spielen 2028 eine maßgebliche Rolle spielen. Heute spielen hier die Trojans, das College Football-Team der USC, zudem finden Konzerte und die Eröffnungsveranstaltung von NASCAR (Autorennen) statt.

Im BMO Stadium spielen der Los Angeles FC und der Angel City FC

129la Abb.: mb

Sprache

Ganz ohne **Englisch** kommt man in L.A. nicht aus, allerdings ist *small talk* auch mit kleinem Wortschatz möglich und die Erwartungshaltung der Amerikaner nicht hoch. Das **Amerikanische** weicht zum Teil vom **Schulenglisch** ab, es gibt Unterschiede bezüglich Wortschatz, Grammatik und Aussprache.

Gewisse **Universalfloskeln** gehören zum guten Ton, z. B. „How are you (today)?", die Frage nach dem Befinden, aber vor allem auch als Begrüßungsformel genutzt. „Have a nice day/trip" dient der Verabschiedung, ebenso wie „It was a pleasure/It was nice to meet/meeting you" oder „See you". Letzteres ist selten als Einladung gemeint, sondern vielmehr ein legerer Abschiedsgruß.

Stadttouren

Bustouren

•**218** [i2] **Hollywood City Tours,** 6437 Sunset Blvd., Tel. 877 9778687, www.hollywoodcitytours.com. Zum Beispiel zweistündige Original Hollywood Tour oder Celebrity Homes Tour, in kleinen offenen Bussen.

•**219** [h2] **Starline Tours,** 6925 Hollywood Blvd. Tel. 323 4633333, www.starlinetours.com. Bei „Hop-on, Hop-off Double Decker City Tours" transportieren rote Doppeldeckerbusse Besucher auf vier farblich gekennzeichneten Routen und liefern auch Informationen. Man kann an mehreren Stopps beliebig ein- und aussteigen. In Downtown (Purple Line) sind es 14 Haltestellen, die Red Line hält 15-mal in Hollywood, West Hollywood und Beverly Hills, die Yellow Line führt vom Rodeo Drive und Beverly Hills über Westwood nach Santa Monica und über Century City zurück. Das Ticket kostet $ 39 für 1 Tag.

MEIN TIPP

Old Pasadena kulinarisch

Ein besonderes kulinarisches Erlebnis bieten die Melting Pot Food Tours der Scalia-Schwestern. Während der dreieinhalbstündigen Touren durch Old Pasadena werden verschiedene Lokale, Tee- und Schokoladengeschäfte, ein Olivenölproduzent, eine Gelateria u. a. Lokalitäten besucht, außerdem erfährt man Wissenswertes zur Stadt. Ebenfalls empfehlenswert sind die „East LA Latin Flavors"- und Farmers Market-Touren.

› **Melting Pot Food Tours,** Tel. 424 2479666, https://meltingpottours.com

Walkingtouren

› **Free Tours by Foot,** https://freetoursbyfoot.com/los-angeles-tours, z. B. Hollywood Walking Tour, auch Downtown-Tour oder Bustouren.

› **Venice Beach Walking Tours,** www.venicebeachwalkingtours.com, Tel. 310 3961585. Zwei- bis dreistündige Touren durch Venice Beach, mit oder ohne Lunch ($ 80/40).

› **Studiotouren** siehe S. 32

Spezialtouren

› **Architecture Tours L.A.,** Tel. 323 4647868, www.architecturetoursla.com, tgl. meist um 10 Uhr (Reservierung nötig). Verschiedene Neighborhood-Tours ($ 80, 2–3 Std.), z. B. Hollywood/Beverly Hills, Silver Lake, Downtown oder West Hollywood. Führerin Laura Massino Smith ist Autorin der „Architectural Tours L.A. Guidebooks".

- **Bikes & Hikes LA,** Tel. 323 7968555, https://bikesandhikesla.com. Umweltfreundlich zu Fuß oder mit dem Fahrrad durch L.A., z. B. „Hollywood Hills Sunset Hike“ oder „LA in a Day Bike Tour“, außerdem Fahrradverleih.
- **Celebrity Helicopters,** 961 West Alondra Blvd., Compton, Tel. 1 877 9992099, https://celebheli.com. Verschiedene Hubschrauber-Rundflüge über L.A., u. a. Nachttouren. Der Besitzer Robin Petgrave arbeitet auch als Stuntman und gründete das Tomorrow's Aeronautical Museum (T.A.M, www.tamuseum.org), ein interaktives Museum und Hilfsprojekt für Jugendliche zugleich.
- **Las Angelitas del Pueblo,** Tel. 213 6281274, http://lasangelitas.org, Do.–Sa. 10/11/12 Uhr. Kostenlose 50-Min.-Touren ab Las Angelitas Tour Office neben dem Old Plaza Firehouse (südwestliche Ecke der Plaza).
- **Six Taste Food Tours,** Tel. 1 888 3130936, www.sixtaste.com. Kulinarische Touren durch *neighborhoods* wie Little Tokyo (3½ Std., $ 75).

Telefonieren

Eine **1** (bzw. aus Deutschland, Österreich, der Schweiz 001) gefolgt von einem dreistelligen **area code** – in Downtown L.A. z. B. 213 – geht der **siebenstelligen Rufnummer** voraus und muss auch bei Ortsgesprächen mitgewählt werden, d. h. vollständig heißt es offiziell z. B. 1 (213) 123 4567. Die Rufnummer kann auch als werbewirksame **Buchstabenkombination** (2 – ABC, 3 – DEF, 4 – GHI, 5 – JKL, 6 – MNO, 7 – PRS, 8 – TUV, 9 – WXY) angegeben sein. Gebührenfrei, aber regional begrenzt, sind Nummern, die mit 1-800, 1-833, 1-844, 1-855, 1-866, 1-877 und 1-888, teuer jene, die mit 1-900 beginnen.

Es existieren mehrere verschiedene **Vorwahlnummern** im Großraum L.A. Die wichtigsten sind **213** (Downtown L.A.), **323** (außerhalb von Downtown, z. B. Hollywood, West Hollywood, Watts), **310 und 424** (West L.A., Beverly Hills, Teile West Hollywoods, Santa Monica, LAX), **714 und 949** (Orange County), **626** (Pasadena) und **818 und 747** (San Fernando Valley).

Internationale Vorwahlen

- nach Deutschland: 011-49
- nach Österreich: 011-43
- in die Schweiz: 011-41
- In die USA: 001

Mobile Phone (Handy)

Der eingedeutschte Begriff „Handy“ existiert im Amerikanischen nicht, das Wort *handy* heißt nichts anderes als „handlich“, „praktisch“ oder „geschickt“. Man spricht von *cell(ular)* oder *mobile (phone)*. Wegen der **Roaming-Gebühren** im nichteuropäischen Ausland können bei Nutzung einer mobilen Datenverbindung **hohe Kosten anfallen.** Daher sollte man bei seinem Netzbetreiber Informationen über günstigere Auslandsdatenpakete einholen oder die Mobile-Daten-Option deaktivieren und nur über kostenlose WLAN-Netze online gehen. Bei längeren Aufenthalten kann der Kauf einer amerikanischen SIM-Karte sinnvoll sein.

Uhrzeit und Datum

Die USA sind in vier Hauptzeitzonen eingeteilt – Eastern Time, Central Time, Mountain Time, Pacific Time –, die eine Verschiebung von der mitteleuropäischen Zeit (MEZ) um 6 bis 9 Stunden bedeuten. In L.A. gilt **Pacific Time,** d.h. **9 Stunden Zeitverschiebung.** Zeigt die Uhr in Mitteleuropa 18 Uhr, ist es in L.A. 9 Uhr morgens.

In den USA wird bei der Uhrzeit nicht bis 24 durchgezählt, sondern nur bis 12. Die Zufügung von **a.m.** (ante meridiem) weist auf vormittags, **p.m.** (post meridiem) auf nachmittags hin. 12 Uhr mittags heißt *noon,* 0 Uhr *midnight.* **Sommerzeit** *(daylight saving time/DST)* herrscht in den USA vom 2. Sonntag im März bis zum 1. Sonntag im November. Das **Datum** wird in der Reihenfolge Monat–Tag–Jahr angegeben, z.B. June 30, 2023 oder kurz 6/30/2023.

Unterkunft

Bei der Hotelwahl sollte auch das geplante Besuchsprogramm ein Kriterium sein, da man so die Wege verkürzen kann. Hollywood und West Hollywood sind hoteltechnisch wohl die beliebtesten Ziele, Downtown ist ebenfalls günstig und gut ausgestattet. Beverly Hills hat die wohl luxuriösesten Hotels zu bieten, für Strandliebhaber sind Santa Monica oder Venice geeignete Standpunkte. Wer nur einen Zwischenstopp einlegt, könnte ein Hotel in Flughafennähe wählen.

Die **Preisschwankungen** sind in Los Angeles relativ groß und dazu abhängig von Lage und Viertel, Events, Messen und Veranstaltungen. Auch Wochen- und Feiertage spielen eine Rolle. Der offizielle **Durchschnittspreis** liegt aktuell bei über $ 200 pro Doppelzimmer, dazu kommen abgesehen von den regulären 14 % MWSt noch diverse andere Steuern und Gebühren (u.a. eine „Destination/Amenity Fee" von $ 20 bis 30 für früher selbstverständliche Angebote wie WLAN oder Fitnessraum). Alles zusammen kann noch einmal rund ein Drittel des Basispreises ausmachen! Fürs Parken können zusätzlich $ 50 und mehr anfallen.

Anders als bei den altehrwürdigen Luxushotels oder den Standard-Ketten sind die Zimmer der neuen, schicken **Boutiquehotels** zwar clever ausgestattet, jedoch im Allgemeinen eher klein.

Buchungsportale

Neben Buchungsportalen für Hotels (z. B. www.booking.com, www.hrs.de, www.hotels.com, www.expedia.de, www.kayak.de oder www.trivago.de) gibt es auch Anbieter, bei denen man Privatunterkünfte buchen kann. Portale wie www. airbnb.de oder www.vrbo. com vermitteln Wohnungen, Zimmer oder auch nur einen Schlafplatz auf einer Couch (www.couchsurfing.com). Diese Übernachtungsmöglichkeiten sind **nicht unumstritten,** weil manchmal normale Wohnungen gewerblich missbraucht werden. Wenn die Stadt regulierend eingreift, kann das zu kurzfristigen Schließungen führen. Eine Buchung unterliegt also einem gewissen **Restrisiko.**

Preiskategorien

Die Kategorien unten beziehen sich auf den Preis für ein normales Doppelzimmer ohne Frühstück zuzüglich Steuern und Gebühren.

$	unter $ 150
$$	unter $ 200
$$$	ca. $ 200–300
$$$$	über $ 300

Eine **Buchung im Voraus** ist ganzjährig ratsam. Hilfreich zur Orientierung ist z. B. die Website von Discover Los Angeles: www.discoverlosangeles.com/hotels.

Hoteltipps

Downtown

220 [B6] **Freehand** $-$$$, 416 W 8th St., Tel. 213 6120021, https://freehandhotels.com/los-angeles. **Ungewöhnliches Konzept:** freundlich eingerichtete, helle Zimmer und Schlafsäle mit bis zu acht (preiswerten) Betten auf 13 Etagen im Commercial Exchange Building von 1924. Mit Lounge, Restaurant, Bar und Pool auf dem Dach.

221 [A6] **Hotel Figueroa** $$$, 939 S Figueroa St., Tel. 213 6278971, www.hotelfigueroa.com. **Frisch renoviert in einem historischen Bau von 1926 im Herzen von Downtown:** 268 moderne Zimmer und Suiten verschiedenen Zuschnitts mit Schallschutzfenstern. Restaurants, Bars und Dachterrasse.

222 [A5] **InterContinental Los Angeles Downtown** $$$$, 900 Wilshire Blvd., Tel. 213 6887777, http://dtla.intercontinental.com. **Ganz hoch oben:** im Wilshire Grand Building, dem höchsten Wolkenkratzer der Stadt mit 73 Stockwerken, befinden sich 889 Zimmer und 110 Suiten. Sky Lobby mit Ausblick!

223 [A7] **JW Marriott Los Angeles at L.A. LIVE** $$$-$$$$, Tel. 213 7658600, www.marriott.com/en-us/hotels/laxjw-jw-marriott-los-angeles-l-a-live. **Höchster Luxus mit Ausblick:** zu L.A. LIVE gehöriges Hotel mit allem Komfort. In den oberen Etagen befindet sich als weitere Steigerung das **Ritz-Carlton** mit 123 Zimmern, Rooftop-Pool und Restaurant.

224 [C4] **Kawada Hotel** $$$, 200 S Hill St., Tel. 213 6214455, www.kawadahotel.com, Tel. 1 800 7529232. **Schickes Boutiquehotel in günstiger Downtown-Lage:** geschmackvolle Zimmer, gute Betten, Kühlschrank und Mikrowelle.

225 [B5] **Millennium Biltmore Los Angeles** $$$$, 506 S Grand Ave., Tel. 213 6241011, www.millenniumhotels.com. **Hollywood-Glamour von 1923:** altehrwürdiges Nobelhotel. Fast 700 Zimmer, mehrere Lokale und günstige Lage. Preiswertere „Special Offers".

226 [A7] **Moxy Downtown Los Angeles/ AC Hotel** $$$-$$$$, 1260 S Figueroa St., Tel. 310 6699252, www.marriott.com/en-us/hotels/laxox-moxy-downtown-los-angeles. **Doppelhotel im Herzen von Downtown L.A.:** über 700 Zimmer, mehrere Bars, Lokale und Pool.

227 [B6] **O Hotel** $$-$$$, 819 S Flower St., https://o.thelosangeleshotels.com, Tel. 213 6239904. **„Fancy and hip":** Boutiquehotel in einem historischen Bau mit 67 Zimmern, nahe L.A. LIVE. Zimmer eher klein, doch technisch und auch sonst gut ausgestattet, etwas laut, aber preiswert (auch das Parken). Zugehörig: The Burrow Bar und BKLA Restaurant.

Hollywood und Westside

228 [bg] **Beverly Hills Hotel** $$$$, 9641 Sunset Blvd., Tel. 310 276 2251, www.

JW Marriott und Ritz-Carlton Hotel im Vergnügungsviertel L.A. LIVE 12

093la Abb.: mb

MEIN TIPP

The Hoxton

Das hippe Hoxton befindet sich in perfekter Downtown-Lage mit Ausblick auf den Broadway in einem alten Bürogebäude aus dem Jahr 1922. Es gibt 174 clever designte, edel eingerichtete Zimmer in verschiedenen Größenkategorien (Snug, Cosy, Roomy, Biggy), eine einladende Lobby-Area mit Coffee Bar, außerdem einen Pool auf dem Dach, das peruanische Sternerestaurant Cabra und im Erdgeschoss das Café Basque.

233 [C7] **The Hoxton** $$$-$$$$, 1060 S Broadway, Tel. 213 7255900, https://thehoxton.com/downtown-la

127la Abb.: mb

dorchestercollection.com/en/los-angeles/the-beverly-hills-hotel. **Sich fühlen wie ein Filmstar:** historisches 5-Sterne-Hotel, „Pink Palace", mit legendärer Gästeliste. Über 200 hervorragend ausgestattete, elegante Doppelzimmer verschiedener Typen (auch Suiten und Bungalows), teils mit Balkon. Mehrere Bars, Lounges und Lokal, alles umgeben von tropischer Grünanlage.

229 [d5] **ÉLAN Hotel** $$-$$$, 8435 Beverly Blvd., Tel. 323 6586663, www.elanhotel.com. **Zwischen Beverly Hills und West Hollywood gelegenes Boutiquehotel:** 49 Zimmer, inkl. Frühstück.

230 [h2] **Hollywood Roosevelt Hotel** $$$-$$$$, 7000 Hollywood Blvd., Tel. 323 4667000, www.thehollywoodroosevelt.com. **Altehrwürdiger Bau mit modernem Luxus:** Hotel von 1927, in dem schon Hollywoodstars genächtigt haben und wo die ersten Oscars vergeben wurden. 300 Zimmer verschiedener Typen.

231 [bg] **Hotel Bel-Air** $$$$, 701 Stone Canyon Rd., Tel. 310 4721211, www.dorchestercollection.com/en/los-angeles/hotel-bel-air. **Fast eine Privatvilla im Grünen:** Anziehungspunkt der Prominenz mit über 100 sehr teuren, sehr edlen Zimmern und Suiten in einem Gebäude im Colonial Style und in einzelnen Häuschen. Umgeben von einer paradiesischen Gartenanlage.

232 [e7] **Hotel Wilshire** $$$-$$$$, 6317 Wilshire Blvd., Tel. 323 8526000, www.hotelwilshire.com. **Boutiquehotel der Kimpton Group:** modernes, umweltfreundliches, LEED-zertifiziertes Hotel mit 74 Zimmern, schickem Interieur und

Ausblick auf die Skyline, dazu Dachterrasse mit Pool, Restaurant und Lounge. Gratis-Weinempfang am Abend und Leihfahrräder. Zimmer im Retro-Look mit großformatigen bunten Mustern und schicken Möbeln.

234 [bg] **Maison 140 Beverly Hills** $$$, 140 S. Lasky Dr., Beverly Hills, Tel. 310 2814000, www.maison140.com. **Klein, aber fein:** ruhig am Rand des Golden Triangle gelegenes Boutiquehotel mit 44 Zimmern und kleiner Bar. Idealer Standort, um Westside und Beaches zu erkunden. Benachbartes Partnerhotel: Mosaic Hotel (www.mosaichotel.com).

LAX

235 [ci] **Best Western Plus Suites Hotel** $$, 5005 W Century Blvd., Inglewood, Tel. 310 6777733, www.bestwestern.com. **Viel Komfort vor dem Abflug:** komfortable Zimmer mit großem Bad, Mikrowelle, Kühlschrank und Kaffee-/Teemaschine, Frühstück und LAX-Shuttle inklusive.

236 [bi] **Cambria LAX El Segundo** $$-$$$, 199 Continental Blvd., Tel. 310 69650555, www.cambrialax.com. **Hotel der Choice-Kette** mit gut 150 Zimmern und Suiten. Gute technische Ausstattung und in Beach-Nähe. Mit CAMBRiA Bar & Lounge.

237 [ci] **Four Points Hotel Los Angeles International Airport** $$$, 9750 Airport Blvd., Tel. 310 6454600, www.marriott.com/en-us/hotels/laxfp. **Nur 5 Min. von LAX entfernt:** mit Shuttleservice, Pool, Café und großen, gut ausgestatteten Zimmern.

Anaheim

238 Disneyland Hotel $$$-$$$$, 1150 Magic Way, und

239 Disney's Grand Californian Hotel & Spa $$$-$$$$, 1600 Disneyland Dr., und

240 Disney's Paradise Pier Hotel $$$-$$$$, 1717 S Disneyland Dr., https://disneyland.disney.go.com/hotels, Tel. 714 5205045. Drei Hotels im bzw. am Rand des Vergnügungsparks. Die idealen Unterkünfte für Familien!

241 Portofino Inn & Suites $$, 1831 S Harbor Blvd. www.portofinoinnanaheim.com, Tel. 714 7827600. **Erschwinglich und perfekt für Familien:** großzügig angelegter Hotelkomplex mit geräumigen Zimmern in schöner Anlage, auch kombiniert mit Disneyland-Tickets buchbar, Parken kostenlos.

Valleys

242 [cf] **Lexen Hotel - North Hollywood** $$-$$$, 5268 Tujunga Ave, North Hollywood, Tel. (818) 8213680, www.lexennoho.com. **Im schicken NoHo Arts District:** Boutiquehotel mit Gästezimmern verschiedener Typen, modern und luxuriös ausgestattet, nahe Universal Studios und Hollywood Walk of Fame.

Beaches

243 [Seite 45] **Fairmont Miramar Hotel & Bungalows** $$$-$$$$, 101 Wilshire Blvd., Santa Monica, Tel. 1 866 5404470 o. 310 5767777, www.fairmont.com/santamonica. **Luxus mit Meerblick und Park:** *Miramar* ist spanisch und bedeutet „Seeblick" und den haben die meisten Zimmer. Ende des 19. Jh. erbaut von John P. Jones, einem früheren Senator und Silberbaron, gelangte das Privatanwesen 1921 in den Besitz von Gilbert Stevenson. 1924 kamen Gästebungalows dazu, die gerne von Stars und Politikern gebucht werden. Im Haupthaus nächtigen die „normalen"

Boutiquehotel mit Ausblick: das Hotel Erwin in Venice Beach

Gäste. Von abendlichen Cocktails am Koi-Teich, einer schönen Poolanlage, einem Health Club und Spa über das Fig Restaurant, in dem saisonale Gerichte lokaler Provenienz serviert werden, bis hin zur Lobby Lounge fehlt es an nichts.

244 [Seite 45] **Hotel Erwin** $$$-$$$$, 1697 Pacific Ave., Venice Beach, Tel. 1 800 7867789, www.hotelerwin.com. **Funky und bunt:** nur wenige Schritte von Venice Beachs legendärem „Muscle Beach" gelegenes Boutiquehotel. Mit modern ausgestatteten Zimmern und Suiten mit Balkonen und teils mit Meerblick. Hauptanziehungspunkt ist die Rooftop Bar. Im „Barlo", angrenzend an die Lobby, gibt es ganztägig Essen und eine Bar.

245 [Seite 45] **Inn at Venice Beach** $$$, 327 Washington Blvd., Venice Beach, www.innatvenicebeach.com, Tel. 319 8212557. **Nahe dem Boardwalk, im Stil der 1950er-Jahre:** kleines Hotel mit 43 schönen Zimmern etwas abseits des Strands und mit Innenhofcafé. Das Frühstück ist im Zimmerpreis inklusive. Günstiges Parken, auch diverse Packages buchbar.

246 [Seite 45] **Shore Hotel** $$$, 1515 Ocean Ave., Santa Monica (gegenüber S. M. Pier), Tel. 310 4581515, www.shorehotel.com. **Umweltbewusst betrieben:** Boutiquehotel mit Glaslobby (Meerblick) und164 Hotelzimmern mit Balkonen.

Hostels und Jugendherbergen

247 [j2] **Banana Bungalow Hollywood** $, 5920 Hollywood Blvd., Tel. 323 4692500, www.bananabungalow.com. **Cool für junge Leute:** Schlafsaal und Zimmer, mit Patio und Küche. Gratis-Internet, -Frühstück und andere Vergünstigungen. Filiale: 603 N Fairfax Ave., West Hollywood.

248 [h2] **Samesun Hollywood** $, 6820 Hollywood Blvd., Tel. 323 4622750, https://samesun.com/hollywood-hostel. **Verschiedene Optionen:** Es gibt Betten im Schlafsaal, aber auch Doppelzimmer, inklusive Frühstück und Bettwäsche. Filiale in Venice Beach.

Eine ausführliche Liste von weiteren Hostels und Billigunterkünften mit Beschreibungen und Sofortbuchungsmöglichkeit gibt es unter:

› www.hostelworld.com/st/hostels/north-america/usa/los-angeles.

Verhaltenstipps

Auch wenn L.A. als oberflächlich, „lässig" und „relaxt" gilt, gelten durchaus amerikanische Umgangsformen: Freundlichkeit, Hilfsbereitschaft, Diskretion und Disziplin. Der Kunde ist König. Vordrängen, Muffigkeit, Aggressivität und Hektik sind verpönt.

0741a Abb.: mb

Dos und Dont's – amerikanische Besonderheiten

- **Trinkgeld** *(tip/gratuity)* ist nicht inklusive und die Löhne der Beschäftigten im Dienstleistungsgewerbe gering. Im Restaurant werden mind. 15 (eher 20) % *tip* erwartet. Gleiches gilt übrigens oft auch bei Self-Service (und Zahlung am iPad). Auch Taxifahrer oder Zimmermädchen erhoffen sich ein Trinkgeld.
- **Alkohol** darf nicht an unter 21-Jährige verkauft, ausgeschenkt und generell nicht öffentlich konsumiert werden.
- Amerikanische **Tischsitten** unterscheiden sich besonders beim Hantieren mit dem Besteck von den europäischen: Amerikaner schneiden mit dem Messer vor und benutzen dann nur noch die Gabel. Beidhändig zu essen identifiziert den Europäer. Selbst in Toplokalen kann man sich Essensreste einpacken lassen oder nur kostenlos serviertes Leitungswasser *(tap water)* trinken.
- **Toiletten** nennt man nie *toilet*, sondern immer *restroom, ladies'* bzw. *men's room, bathroom* oder *powder room.*

Verkehrsmittel

Nahverkehrsmittel

Das Nachverkehrssystem in L.A. ist besser als sein Ruf, wären da nur nicht die riesigen Entfernungen! Die **Los Angeles County Metropolitan Transportation Authority**, kurz **„Metro“**, betreibt Busse und Schnellbahnen (Metrolink), die teils unter-, teils oberirdisch fahren.

Da **Metro Rail** und **Metro Busses** viele Viertel und Sehenswürdigkeiten, wie Downtown, Little Tokyo, Koreatown, Hollywood, Universal City, North Hollywood, Chinatown, Pasadena oder Long Beach miteinander verbinden, kann ihre Nutzung auch für Besucher eingeschränkt empfehlenswert sein.

Metrolink sind unabhängig davon betriebene Nahverkehrszüge, die ab Union Station in erster Linie von Pendlern genutzt werden (www.metrolinktrains.com).

Metro Bus und DASH

Busfahren ist aufgrund der Entfernungen und Staus für Besucher zeitaufwendig und erfordert etwas Kartenstudium/Ortskenntnis. Metro betreibt verschiedene Bustypen: **Local** (orange, häufige Stopps, Nr. 1–299), **Express** (eingeschränkte Stopps, Nr. 300–399, Express Nr. 400–599, blau) und, als schnellste Variante, rote **Rapid-Busse** (700er-Nummern), die entlang dem Freewaysystem nur selten halten.

- **Infos:** www.metro.net

DASH untersteht der City of Los Angeles Transportation (LADOT) und verkehrt als **DASH Downtown** auf fünf Linien in der Innenstadt (Fixpreis pro Fahrt $ 0,50, tgl. je nach Route unterschiedlich, meist 6–1 Uhr, alle 5–20 Min., Wochenkarte $ 5). Auch in anderen Orten wie Hollywood gibt es weitere DASH-Linien.

- Infos und Pläne: www.ladottransit.com/dash

Metro Rail

Empfehlenswert, da schnell und vom Streckennetz gut überschaubar, ist **Metro Rail**, teils unter-, teils überirdisch verkehrende Schnellbahnlinien, die aus der Innenstadt herausführen. Kurioserweise werden auch zwei Buslinien dazugerechnet. Die Linien waren durch verschiedene Farben gekennzeichnet, inzwischen verwendet man Buchstaben:

- **A (Blue) Line:** von Azusa über Pasadena und Downtown (7th St./Metro Center Station) durch South Los Angeles nach Long Beach
- **B (Red) Line:** von Downtown (Union Station) nach Hollywood, Universal City und North Hollywood, von hier weiter mit der G (Orange) Line (Schnellbus)
- **C (Green) Line:** von Norwalk entlang der I-105 mit Anschluss an LAX nach Redondo Beach (South Bay)
- **D (Purple) Line:** von Downtown (Union Station) nach Koreatown (Wilshire)/Western. Erweiterung bis Wilshire/La Cienega ab 2024, bis Century City ab 2025 und bis Westwood ab 2027.
- **E (Expo) Line:** von East L.A. über Downtown (7th St./Metro Center Station) und Expo Park nach Culver City bis Santa Monica
- **G (Orange) Line:** Hightech-Buslinie mit eigener Fahrtrasse von North Hollywood durch das San Fernando Valley zum Warner Center bzw. nach Chatsworth.
- **J (Silver) Line:** Schnellbuslinie zwischen South L.A. (San Pedro), Downtown (Stops an L.A. LIVE, Staples Center, Walt Disney Concert Hall, MOCA, Union Station) und East L.A.
- **K (Pink) Line:** von E Line Station „Expo/Crenshaw“ durch Crenshaw, Inglewood und Westchester, ab 2024 weiter zum LAX und schließlich zur C Line Station „Aviation/LAX“

Metro-Informationen und -Fahrpreise

Es gibt mehrere **Kundenzentren** (Metro Customer Centers), zentral liegt:

- •**249** [D2] **Union Station/Gateway Transit Center,** East Portal, Mo.–Fr. 6–18.30 Uhr.
- weitere **Infostellen:** www.metro.net/about/customer-centers
- **Pläne und Fahrpläne** zum Herunterladen: www.metro.net/riding/guide/system-maps

Metro Rail – alles neu!

Mit der im Juni 2023 erfolgten Eröffnung des neuen Metro-Tunnels in Downtown zwischen 7th St./Metro Center und Little Tokyo/Arts District mit zwei neuen Stationen („Grand Ave Arts/Bunker Hill“ und „Historic Broadway“) werden zwei Linien quer durch die Stadt führen: Die E Line von East L.A. nach Santa Monica und die A Line von Asuza/Pasadena nach Long Beach. Die L Line entfällt damit.

Bezahlt wird mit der **TAP Card**, einer elektronischen, wiederaufladbaren Karte, die einmalig $ 2 kostet und an Automaten, in Bussen und bei anderen Verkaufsstellen erhältlich ist. In **Bussen** kann mit abgezähltem Fahrpreis **auch bar** gezahlt werden. Die TAP Card muss beim Zugang an den Scanner der Schranke gehalten werden. Die **Einzelfahrt** kostet $ 1,75, ein **Tagespass** $ 7, ein **Wochenpass** $ 25. Zwei Kinder unter 5 Jahren fahren gratis mit. Silver Line und Metro Express Busses kosten mehr ($ 2,50). Einmaliges Umsteigen innerhalb von 2 Std. ist erlaubt.

Taxis

Aufgrund der großen Distanzen können Taxifahrten in Los Angeles ins Geld gehen. Häufig sind Fahrdienste wie **Uber** (www.uber.com) oder **Lyft** (www.lyft.com) die preiswertere Alternative.

Die Grundgebühr für eine Taxifahrt beträgt $ 3,10, pro Meile kommen dann $ 3 dazu, plus Aufschläge, z. B. für Fahrten zum Flughafen, Sondergepäck, Staus oder Wartezeiten. Am Flughafen, vor Hotels und an Bahnhöfen sind leicht Taxis zu bekommen.

Versicherungen

Eine Versicherung ist in den USA absolut unverzichtbar: eine private **Auslandskrankenversicherung.** Da die Kosten für eine ärztliche Behandlung von den gesetzlichen Krankenversicherungen in Deutschland und Österreich (Schweizer sollten bei ihrem Versicherer nachfragen!) nicht übernommen werden, können im Krankheits- oder Notfall in den USA sonst hohe Kosten anfallen. Am günstigsten sind Jahres- bzw. Familienkrankenversicherungen. Zur Erstattung der Kosten zu Hause benötigt man ausführliche Quittungen.

Es ist nicht immer sinnvoll, **weitere Versicherungen** wie Reiserücktritts-, Gepäck-, Reisehaftpflicht- oder Reiseunfallversicherung abzuschließen. Sie enthalten meist viele Ausschlussklauseln und zudem sind gewisse Schäden und Verluste auch durch bereits existierende Versicherungen wie eine Privathaftpflicht oder eine Unfallversicherung abgedeckt. Auch in manchen (Gold-)Kreditkarten sind bestimmte Versicherungen schon enthalten.

☒ *Venice Beach* 36 – *Ort für skurrile Begegnungen*

Wetter und Reisezeit

Für Los Angeles gibt es keine eigentlich schlechte Reisezeit. Selten ist das Wetter länger anhaltend schlecht, die Luftfeuchtigkeit ist gering und Regen selten. Es herrscht **mediteranes** oder **subtropisches Klima** mit trockenen Sommern und **über 300 Tagen Sonnenschein.** Die Monate **Mai bis Oktober** sind heiß und trocken mit Durchschnittstemperaturen um die 21 bis 30 °C, mindestens aber 12 bis 17 °C. Oft werden jedoch – v. a. im Inland – sogar über 30 °C erreicht. Die Monate von **November bis April** sind im Allgemeinen mild mit höherer Regenwahrscheinlichkeit und durchschnittlichen Temperaturen zwischen 10 und 15 °C. Regen fällt vor allem von **Januar bis März.**

Charakteristisch sind die vielen Mikroklimate, die Unterschiede von bis zu 10 Grad zwischen Inland und Küste zur Folge haben können. Ein Wetterphänomen heißt **June Gloom** bzw. **May Gray** und es weist auf neblige, graue Verhältnisse an der Küste an Vormittagen hin, die sich bis mittags in Sonne verwandeln, was v. a. im späten Frühjahr und Frühsommer eintritt.

Beste Reisezeiten sind September, Oktober und – allerdings bei schnelleren Wetterwechseln und mehr Regenschauern – das Frühjahr bzw. der Frühsommer (Mai/Juni).

Durchschnitt	Wetter in Los Angeles											
Maximale Temperatur	18°	19°	19°	21°	22°	24°	27°	28°	27°	24°	23°	19°
Minimale Temperatur	8°	8°	9°	10°	12°	13°	16°	16°	14°	12°	10°	8°
Regentage	6	5	6	4	2	1	0	1	1	2	4	5
Wassertemperatur	14°	14°	15°	15°	16°	18°	19°	20°	19°	18°	17°	15°
	Jan	Febr	März	Apr	Mai	Juni	Juli	Aug	Sept	Okt	Nov	Dez

ANHANG

006la Abb.: mb

Kleine Sprachhilfe Amerikanisch

Für einen tieferen Einstieg in die Sprache seien an dieser Stelle die Reisesprachführer „Amerikanisch – Wort für Wort“ (Kauderwelsch-Band 143), „American Slang“ (Kauderwelsch-Band 29) und „More American Slang“ (Kauderwelsch-Band 67) aus dem Reise Know-How Verlag empfohlen.

Begrüßung und Höflichkeit

Guten Morgen	*Good morning* (bis mittags)
Guten Tag	*Good afternoon* (ab mittags)
Guten Abend	*Good evening*
Gute Nacht	*Good night*
Auf Wiedersehen	*Goodbye/Bye-bye/* *See you* (umgangssprachlich)
Willkommen!	*Welcome!*
Mein Name ist ...	*My name is ...*
Wie heißen Sie?/Wie heißt du?	*What's your name?*
Schön Sie/Dich kennenzulernen/zu sehen.	*Nice/Good to see you.*
Entschuldigen Sie ...	*Excuse me, please, ...* (bei Fragen)
Verzeihung!	*Sorry/Pardon me!*
Bitte	*Please* (bei Fragen, Bitten)
Danke	*Thank you/Thanks*
Bitte, gern geschehen	*You are (very) welcome*
Könnten Sie mir bitte sagen ...	*Could you, please, tell me ...*

Allgemeine Fragen und Wendungen

Ich bin/Wir sind ...	*I am .../We are ...*
Das ist/sind ...	*This is/These are ....*
Wo ist/sind ...?	*Where is/are ...?*
Wo kann ich ... bekommen?	*Where can I get ...?*
Was ist das?	*What's that?*
Haben Sie ...?	*Have you got ...? I am looking for ...*
Wie viel kostet ...?	*How much is ...?*
Ich verstehe nicht.	*I don't understand.*
Sprechen Sie Deutsch?	*Do you speak German?*
Wie heißt das auf Englisch?	*What's that in English?*
vielleicht	*perhaps, maybe*
wahrscheinlich	*probably*
Ist es möglich ...?	*Is it/Would it be possible ...?*
Wer?	*Who?*
Was?	*What?*
Wie?	*How?*
Wie viel(e)?	*How much?* (Menge) *How many?* (Anzahl)

+++ Die wichtigsten Wörter mit dem Bonus-Audiotrack des Kauderwelsch-

Zeit

Wie spät ist es?	*What time is it?*
Es ist 10 Uhr.	*It's 10 a.m. (ante meridiem)*
Es ist 22 Uhr.	*It's 10 p.m. (post meridiem)*
Mittag/Mitternacht	*noon/midnight*
heute	*today*
morgen	*tomorrow*
gestern	*yesterday*
morgens	*in the morning*
nachmittags	*in the afternoon*
abends	*in the evening*
früh/früher	*early/earlier*
spät/später	*late/later*

Wochentage

Montag	*Monday*
Dienstag	*Tuesday*
Mittwoch	*Wednesday*
Donnerstag	*Thursday*
Freitag	*Friday*
Samstag	*Saturday*
Sonntag	*Sunday*
Feiertag	*holiday*

Geldangelegenheiten

Geld, Kleingeld, Bargeld	*money, change, cash*
1 Dollar ($)	*„buck" (100 cent)*
1/5/10/25 Cent (c.)	*penny/nickel/dime/quarter*
Tausender	*grand*
Geldautomat	*ATM (automated teller machine)*
Kreditkarte	*credit card*
Reisescheck	*travelers cheque/check*
Ausweis	*ID (identification papers/card), passport*
Steuer	*tax*
Gebühr	*fee*

Unterwegs

Wie weit ist es bis ...?	*How far is it to ...?*
Ist das der richtige Weg nach ...?	*Is this the right way to ...?*
Nord, Süd, Ost, West	*north, south, east, west*
links, rechts	*left, right*
geradeaus, zurück	*straight (ahead), back (to)*
Ampel, Kreuzung	*traffic light(s), junction*
Auto/Mietwagen	*car, vehicle/rental car*
Autovermietung	*car rental station*

Lastwagen	*truck*
Motorrad	*motorcycle, bike*
Benzin	*gas*
Tankstelle	*gas station*
Führerschein	*driver's license*
Panne/Pannenhilfe	*breakdown/roadside assistance*

Öffentliche Verkehrsmittel

Fahrkarte	*ticket*
Tageskarte	*day pass*
einfache Fahrt	*one-way trip*
hin und zurück	*round trip*
Schienenverkehr (Tram, U-/S-Bahn)	*light rail*
Straßenbahn	*tram, streetcar*
U-Bahn	*subway, metro*
(Bus-)Bahnhof/-Haltestelle	*(bus) station/stop*
Zug/Bahnhof	*train/train station, railroad station*
Schiff/Fähre	*boat/ferry*

Unterkunft

Haben Sie ein Zimmer frei?	*Any vacancy? Do you have a room available?*
Zimmer frei/besetzt (Schilder)	*Vacancy/No vacancy*
Reservierung	*reservation*
Einzel-/Doppelzimmer ... mit einem Bett/ ... mit zwei Betten ... mit Frühstück	*single/double room* *... with one (king-size)/* *... with two (queen-size) beds* *... with breakfast included*
Badezimmer	*bathroom*
Dusche, Badewanne	*shower, bathtub*
WC	*bathroom, restroom, ladies'/men's room*
behindertengerecht	*handicapped accessible/ handicap-accessible*
Aufzug, Treppe, Rolltreppe	*elevator, stairs, escalator*
Stockwerk	*floor*
Parterre/erster Stock	*ground floor oder first floor/second floor*

Essen und Trinken

Speisekarte	*menu*
Ich möchte ... bestellen	*I would like (to order) .../I will take ...*

Rechnung	*check*
Tagesgericht	*daily special*
Vorspeise	*appetizer*
Hauptgericht	*entree/entrée*
Nachspeise	*dessert*
Frühstück	*breakfast*

Mittagessen	*lunch*
Abendessen	*dinner/supper*
Bedienung (m/w)	*waiter/waitress*
Trinkgeld	*tip, gratuity*
essen	*to eat*
trinken	*to drink*

Reisen mit Know-How

Register

Impressum

Margit Brinke, Peter Kränzle

CityTrip Los Angeles

© Reise Know-How Verlag
Peter Rump GmbH
5., neu bearbeitete und aktualisierte Auflage 2023

ISBN 978-3-8317-3764-2

Printed in Germany

Druck und Bindung:
mediaprint solutions GmbH, Paderborn

Herausgeber: Klaus Werner
Layout: amundo media GmbH (Umschlag, Inhalt), Peter Rump (Umschlag)
Lektorat: amundo media GmbH
Karten: Ingenieurbüro K. Wendler, amundo media GmbH
Anzeigenvertrieb: KV Kommunalverlag GmbH & Co. KG, Alte Landstraße 23, 85521 Ottobrunn, Tel. 089 928096-0, info@kommunal-verlag.de
Kontakt: Osnabrücker Str. 79, 33649 Bielefeld, info@reise-know-how.de

Alle Angaben in diesem Buch sind gewissenhaft geprüft. Preise, Öffnungszeiten usw. können sich jedoch schnell ändern. Für eventuelle Fehler übernehmen Verlag wie Autoren keine Haftung.

Bildnachweis

Umschlagvorderseite: ©Michael Bogner, stock.adobe.com |
Umschlagrückseite und Umschlagklappe rechts: Margit Brinke
Soweit ihre Namen nicht vollständig am Bild vermerkt sind, stehen die Kürzel an den Abbildungen für die folgenden Fotografen, Firmen und Einrichtungen. Margit Brinke: mb | L.A. Tourism and Convention Board: LATourism

Liste der Karteneinträge

Der Strand von Santa Monica 35 *mit dem berühmten Pier im Hintergrund*

131la Abb.: Simon Dannhauer, stock.adobe.com

227 [B6] O Hotel S. 122
228 [bg] Beverly Hills Hotel S. 122
229 [d5] ÉLAN Hotel S. 123
230 [h2] Hollywood Roosevelt Hotel S. 123
231 [bg] Hotel Bel-Air S. 123
232 [e7] Hotel Wilshire S. 123
233 [C7] The Hoxton S. 123
234 [bg] Maison 140 Beverly Hills S. 124
235 [ci] Best Western Plus Suites Hotel S. 124
236 [bi] Cambria LAX El Segundo S. 124
237 [ci] Four Points Hotel Los Angeles International Airport S. 124
242 [cf] Lexen Hotel - North Hollywood S. 124
243 [Seite 45] Fairmont Miramar Hotel & Bungalows S. 124
244 [Seite 45] Hotel Erwin S. 125
245 [Seite 45] Inn at Venice Beach S. 125
246 [Seite 45] Shore Hotel S. 125
247 [j2] Banana Bungalow Hollywood S. 125
248 [h2] Samesun Hollywood S. 125
•249 [D2] Union Station/Gateway Transit Center S. 127

Hier nicht aufgeführte Nummern liegen außerhalb der abgebildeten Karten. Ihre Lage kann aber wie die von allen Ortsmarken im Buch mithilfe der Web-App angezeigt werden (s. S. 143).

Zeichenerklärung

11 Hauptsehenswürdigkeit
[A7] Verweis auf Planquadrat im City-Faltplan
Arzt, Apotheke, Krankenhaus
Bar, Bistro, Club, Treffpunkt
Biergarten, Pub, Kneipe
Bibliothek
Café
Fischrestaurant
Galerie
Geschäft, Kaufhaus, Markt
Hotel, Unterkunft
Imbiss
Informationsstelle
Jugendherberge, Hostel
Kino
Kirche
Museum
Musikszene, Disco
Parkplatz
Polizeistation
Post
Restaurant
★ Sehenswürdigkeit
Sport-/Spieleinrichtung
• Sonstiges
Theater
Vegetarisches Restaurant
Weinlokal

Metro Rail
Spaziergang (s. S. 13)
Shoppingareale
Gastro- und Nightlife-Areale

Abkürzungen

- E/W – East/West
- N/S – North/South
- St. – Street
- Rd. – Road
- Dr. – Drive
- Sq. – Square
- Ave. – Avenue
- Blvd. – Boulevard
- Hwy. – Highway
- bei Adressangaben steht „/" für „Ecke", „–" für „zwischen"
- WeHo – West Hollywood

Los Angeles mit PC, Smartphone & Co.

QR-Code auf dem Umschlag scannen oder **www.reise-know-how.de/citytrip/losangeles23** eingeben und die **kostenlose Web-App** aufrufen (Internetverbindung zur Nutzung nötig)!

★**Anzeige der Lage und Satellitenansicht aller** beschriebenen Sehenswürdigkeiten und touristisch wichtigen Orte
★**Routenführung** vom aktuellen Standort zum gewünschten Ziel
★**Exakter Verlauf** des empfohlenen Stadtspaziergangs
★**Audiotrainer** der wichtigsten Wörter und Redewendungen
★**Updates** nach Redaktionsschluss

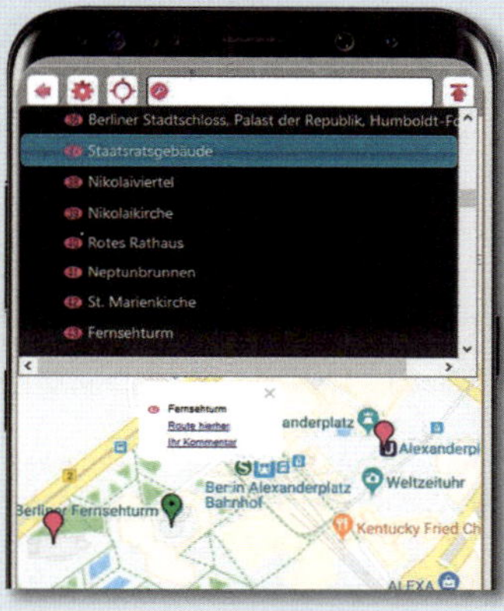

GPS-Daten zum Download

Die GPS-Daten aller Ortsmarken und des Spaziergangs stehen auf der Produktseite des Titels auf www.reise-know-how.de zum Download zur Verfügung.

Stadtplan für mobile Geräte

Um den Stadtplan auf Smartphones und Tablets nutzen zu können, empfehlen wir die App „Avenza Maps" der Firma Avenza™. Über die Funktion „Store" können die „Citymap Los Angeles Downtown 2023" und die „Citymap Los Angeles Hollywood 2023" kostenlos geladen werden.

Unsere App-Empfehlungen zu Los Angeles

› **LA Metro and Bus:** App für den Nahverkehr mit praktischen Tipps zu Linien und Fahrplänen sowie aktuellen Infos (kostenlos für Android und iOS)
› **LA Weekly:** Infos zu allem, was aktuell in der Szene (Restaurants, Bars, Events, Nightlife, Ausstellungen) los ist (kostenlos für Android und iOS)
› **ParkMe** zeigt den nächsten freien Parkplatz an (kostenlos für Android und iOS).
› **Waze:** weltweit größte community-basierende Verkehrs- und Navigations-App, im chaotischen Verkehr von L.A. eine große Hilfe (kostenlos für Android und iOS)
› **Discover Los Angeles:** App des Tourismusamts mit Infos zu aktuellen Events, Filmlocations, Nahverkehr etc. (kostenlos für iOS und Android)
› **GettyGuide App:** hilfreiche App zu den Getty-Museen (kostenlos für iOS und Android)

Los Angeles, Übersicht